全本全注全译丛书

中华经典名著

李逸安　王永豪◎译注

经姓文规
字家字子
三百千弟
童蒙须知

中华书局

图书在版编目（CIP）数据

蒙学经典：全本全注全译大字本/李逸安等译注. —北京：中华
书局,2023.11
ISBN 978-7-101-16391-9

Ⅰ.蒙… Ⅱ.李… Ⅲ.古汉语-启蒙读物 Ⅳ.H194.1

中国国家版本馆 CIP 数据核字（2023）第 193601 号

书　　　名	蒙学经典（全本全注全译大字本）（全十六册）
译 注 者	李逸安　张立敏　檀作文　郭浩瑜　王永豪
	乔天一　万　希　马天祥　李冲锋
责任编辑	刘胜利　张　敏
责任印制	陈丽娜
出版发行	中华书局
	（北京市丰台区太平桥西里 38 号　100073）
	http://www.zhbc.com.cn
	E-mail:zhbc@zhbc.com.cn
印　　　刷	三河市中晟雅豪印务有限公司
版　　　次	2023 年 11 月第 1 版
	2023 年 11 月第 1 次印刷
规　　　格	开本/889×1194 毫米　1/16
	印张 218½　插页 32　字数 2230 千字
国际书号	ISBN 978-7-101-16391-9
定　　　价	480.00 元

出版说明

蒙学,指的是古代的儿童启蒙教育,不仅包括基础的文化知识教学,还涵盖行为规范、道德养成等内容。蒙学读本用最基础、简单的语言,教给儿童对于词汇的掌握、对于自然的观察、对于社会的认知,塑造了儿童对世界的第一观感。蒙学汇集了传统文化的基础和精髓,饱含了中国传统文化对于儿童、对于未来的殷切期望。中华民族历来重视教育,在儿童教育上有着自己丰富的经验和科学的方法,涌现出了一批优秀的蒙学读本。

早在西周时期,就有了识字读本《史籀篇》,这是有文字记载的中国第一部启蒙读本。秦朝时期,丞相李斯作《仓颉篇》,车府令赵高作《爰历篇》,太史令胡毋敬作《博学篇》,文字多取《史籀篇》。汉代时期,史游著《急就篇》,集当时之大成,有七言、四言、三言,全文押韵,涉及姓氏、饮食、器用、音乐、动物等内容,内容编排上有了明显的进步。然而这些书年代久远,有些已经散佚,或者残缺不全。

南北朝时期,蒙学读本在继承的基础上有了较大发展。周兴嗣编纂了《千字文》,这是一本以识字为主,兼有常识和道德教育的综合性蒙学课本。《千字文》是我国历史上综合性蒙学读物的开山之作,深刻影响了后代一系列蒙书的编写体例和内容。隋唐时期,李瀚编写的《蒙求》一书,按韵编排,逐联押韵,上下两句对偶,涵盖了政治、军事、文化、外事、艺术、方术、习俗等各个方面的数百个历史掌故。《蒙求》书名取意于《周易·蒙卦》：“匪我求童蒙，童蒙求我。”“蒙以养正，圣功也。”《蒙求》开启了蒙学读本的新形式，突破了之前以识字为主的单一格局，随之出现了一大批模仿之作，也启发了《三字经》《龙文鞭影》《幼学琼林》等书的创作。

宋元明清时期，各类蒙学读本大量出现，既有综合类，又有单一主题类，形成了完备的蒙学教材体系。大量耳熟能详的蒙学读本在此时出现，如《三字经》《千家诗》《童蒙须知》《幼学琼林》《龙文鞭影》《增广贤文》《弟子规》《格言联璧》等等。

蒙学读本是中华传统文化的重要组成部分，作为基础教育读物，它们把深奥的知识通俗化、大众化，千年以来，在民间有着巨大的影响力。其独特的价值，穿过漫长的历史岁月，在今天依旧放射出璀璨的光芒，吸引了无数的读者。为了满足当代读者对蒙学读本的需求，我们选取了其中最经典、最具代表性的书目，荟萃成了这一“蒙学经典（全本全注全译大字本）”。按照体例和内容，本套书包含以下几类：

一、综合性识字类，如《三字经》《百家姓》《千字文》。儿童启蒙入学，首先要学习文字，所以蒙学读本发轫于字书。《三字经》《百家姓》《千字文》作为相辅相成的整套蒙学读本合称“三、百、千”，《三字经》也因这样的排列而被称为“蒙学之冠”。《三字经》三三成句，编排巧妙，语言通俗，将涵盖了上下数千年的历史文化知识、传统伦理思想及识字教育融为一体。《千字文》用被指定的无一重复的一千个单字，条理贯通、叙事有序地吟咏了关于天文、博物、社会、历史、伦理、教育等方面的知识，结构严简，文采飞扬。《百家姓》是集中华姓氏为四言韵语的蒙学识字课本，朗朗上口，易于记诵，且在寻根溯祖、增强民族认同感和凝聚力方面有着巨大的作用。

二、行为规范类，如《弟子规》《童蒙须知》。儿童学会识字之后，还要掌握最基本的行为规范，做到谦和有礼，端庄大方。理学大家朱熹非常注重儿童教育,编写了《童蒙须知》(又称《训蒙斋规》)一书,对儿童的日常言行举止做了约束,注重日常洒扫应对进退之中的"礼"。《弟子规》堪称古代版的儿童生活规范,从生活起居、行为举止、学习教育、道德品行、处世之道方面,阐述了具体可行的规范。语言朗朗上口,内容浅显生动。

三、诗歌韵律类,如《千家诗》《笠翁对韵》《声律启蒙》。古人作诗、写文,注重声韵格律,所以这也成为蒙学的重要内容。《千家诗》撷取篇幅短小、易于记诵的五、七言近体诗编成,所选诗人不拘大家名家,且题材多样,不仅适合儿童学习诗歌,而且便于阅读者短时间内了解社会生活,在明清两朝流传极广,影响深远。《笠翁对韵》是一本学习诗词声韵格律的入门书,全书按韵编写,每韵部二到四则对文,由简到繁,易于记诵,而且涵盖了丰厚的历史文化知识。《声律启蒙》也是一本专门训练儿童吟诗作对、掌握声韵格律的启蒙读物,全书分30个韵部,90则对文,900对对句。对仗由短到长,有一字对、二字对、三字对、五字对、七字对、九字对、十字对、十一字对。

四、知识百科类,如《蒙求》《龙文鞭影》《幼学琼林》。作诗、写文除了要掌握声韵格律知识,还要了解各类历史掌故,以便于用典。《蒙求》全文两千余字,收录约六百多个春秋至南北朝时期的历史掌故。全书按韵编排,四字一句,上下两句对偶。《龙文鞭影》深受《蒙求》影响,内容更加丰富,全书四千余字,包含一千多个典故。收录自上古至明末清初的古人事迹,范围更广。《幼学琼林》也是一部讲成语典故的书,共有四卷,包括天文、地舆、岁时、朝廷、婚姻、衣服、饮食、花木等三十三类,全书两万余字,远远超过其他蒙学读本,可谓一部百科全书。

五、格言警句类,如《增广贤文》《格言联璧》。儿童在掌握了基本知识后,还需要学会为人处世,为以后走入社会做好准备,所以含有处世哲理的格言警句类读本,也是蒙学的重要部分。《增广贤文》汇集了古代的各种名言谚语,语言浅白,通俗易懂。不仅讲为人处世、待人接物的道理,还直面世事的复杂和人性的弱点,在蒙学读物中独树一帜。《格言联璧》又被称为古代版的名言警句大全,涵盖了社会人生各个方面的智慧格言,也是一本与"三百千弟"等完全不同的蒙学经典。

千年以来,蒙学读本众多,我们综合考虑了知名度、知识性和实用性,选出的这13种读本,是每个类别中的佼佼者,可谓经典中的经典。它们荟萃了古人蒙学教育的智慧,体现了中华传统文化的精华,拥有着强大的生命力,在现代仍然俘获了广大的读者。

此次出版,以"中华经典名著全本全注全译丛书"中的蒙学经典为依托,备有充分详尽的题解、简明准确的注释和明白晓畅的译文,并进行了进一步的编辑加工,纠正错误,增加注音,并特别出版为大字本,力求让读者们"读得懂,读得顺"。如有不当之处,敬请指正。

中华书局编辑部

2023年10月

目　录

三字经

前　言

蒙书成编溯原始

　　《三字经》、《百家姓》、《千字文》、《弟子规》都是中国古代蒙学读本中流传广泛、影响久远的经典之作。

　　蒙学读本也称"蒙养书"、"小儿书"，是专为学童启蒙教育编写的在庠序、书馆、塾学使用的课本。因儿童入学要先习文字，所以蒙学读本无不发轫于字书，见于著录最早的当推《汉书·艺文志》所载《史籀篇》，旧谓出自周宣王时太史籀之手，实则应是春秋战国时代的秦人编纂，全书为四言韵语，字体与石鼓文及金文相同。

　　秦代为统一文字，由李斯、赵高、胡母敬分别用小篆编写了《苍颉》、《爰历》、《博学》各七章字书，汉代则将其合成为一书，多以同义、近义或反义词编排为句，仍仿《史籀篇》用四言韵语，书名定作《苍颉篇》。

　　《史籀篇》与《苍颉篇》这种四四为句、以类相从的编写法，对后代蒙学字书的编纂形式影响很大。

　　两汉魏晋南北朝时期蒙学字书的编写达到高潮，仅著录在籍者就有数十本之多，而且均系名家大腕手笔，如司马相如《凡将篇》、史游《急就篇》、扬雄《训纂篇》、蔡邕《劝学篇》、班固《太甲篇》、陆机《吴章》、周兴嗣《千字文》、顾恺之《启蒙记》等，可惜的是这些蒙书多已亡佚，至今完整可见的仅有《急就篇》和《千字文》,不过以传播影响而言,《急就篇》就远逊于《千字文》了。

明经学史《三字经》

《三字经》世谓南宋王应麟作,民国前期又略有增补,主要是续添了宋以后直至清末的一段历史叙述。

王应麟(1223—1296),字伯厚,号深宁居士,庆元府(治所在今浙江宁波鄞州)人。《宋史》说他自幼好学,九岁即通《六经》。淳祐元年(1241)登进士第,因长于经史考据,熟悉天文地理、掌故制度,故一再升迁,累官至礼部尚书兼给事中,深为理宗倚重。宝祐四年(1256)王应麟奉诏主持殿试,他称赞文天祥的策论"古谊若龟镜,忠肝如铁石",荐擢文天祥为进士第一。奸相贾似道专权时,王应麟屡屡抗颜抵忤,有人劝他屈节顺从,他回答:"迕相之患小,负君之罪大。"

正因为王应麟道德学问如此,他编撰的《三字经》才能在知识灌输、道德晓喻、文才词藻上多方面超越同伦,被赞誉为"千古第一奇书"。除《三字经》外,王应麟还著有《蒙训》、《补注急就篇》、《小学讽咏》、《小学绀珠》等一百余卷蒙学及文字学著作,足见其对幼学启蒙教育的重视和勤力躬行。

《三字经》以"人之初,性本善"起篇,依次叙述三纲五常十义,五谷六畜七情,四书六经诸子,历史朝代更迭,最后以奋发勤学、显亲扬名的著名事例作结。将涵盖了上下数千年的历史文化知识、传统伦理思想及识字教育浑然融为一体,句式灵活,编排巧妙,语言通俗,行文流畅,其中"苟不教,性乃迁,教之道,贵以专""养不教,父之过,教不严,师之惰""人遗子,金满籝,我教子,惟一经"等更是成为家喻户晓的警句格言而传诵至今。

《三字经》三三成句,简练易读,深受后人推崇。尽管西汉史游《急就篇》也曾用过三言来编排当时姓氏,但无论是在内容上或形式上,都无法与《三字经》相提并论，所以《三字经》被公认是"开三言韵语蒙书之先例"的蒙学读本。

与《千字文》一样，元、明以后除了专供少数民族儿童学习汉文的《蒙汉三字经》、《满汉三字经》外，模仿《三字经》的增改新编本也时有出现，但都未能广泛流传开来。今人借鉴《三字经》编写的课本读物也不少，笔者印象较深的是一本为外国人学习汉语而编撰的《部首三字经》，其中如"女子好，田力男，日月明，小大尖。竹毛笔，白水泉，爪木采，舟皿盘"，介绍部首，合辙押韵，便于咏记，非常适合教学使用。

《三字经》、《百家姓》、《千字文》作为相辅相成的整套蒙学读本合称"三、百、千"，《三字经》也因这样的排列而被称为"蒙学之冠"。其实如此排名，一方面是基于数字顺序；另一方面也是因为《三字经》在文字和内容上较之后二书要浅近许多，蒙童入读先教《三字经》，体现出了古人循序渐进、由易到难的正确教育方法。

考虑到读者学习诵读的需求，我们将《三字经》、《百家姓》、《千字文》、《弟子规》合编入一册，排列次序仍循旧例。各自"前言"部分，则按蒙书成编的基本背景，次第叙述，以助读者了解这些蒙学读物的编写流传情况。由于《百家姓》原书仅录姓氏，为方便读者阅读查考，我们除在正文内标注了其姓氏出处外，还在其前言中增加了不少相关知识内容。注音本应是僻冷生难字，但《百家姓》中的某些常用字，作姓氏时读音、声调有变，故亦标注指出。本书的注释详略不求划一，牵涉到历史上典章制度、事件人物的尽可能详注，以满足读者尤其是青少年读者之需。译文则采用韵语，以求贴近原作风格。《三字经》和《千字文》原书没有章节、标题，我们根据书中内容，分段加了"题解"，以帮助读者更好地理解、诵读。不当之处，敬希指正。

李逸安

2011年3月

三字经

【题解】

作为学童的启蒙读本,《三字经》不但精心挑选了幼儿习字所须掌握的常用基本词语,而且也不忘时时灌输编著者所尊崇的儒家道德思想和文化伦理。本段为《三字经》的开篇部分,首句便巧用了孟子主张的"人性善"和孔子"性相近也,习相远也"(《论语·阳货》)的语录原话,进而指出后天教育对人生成长的重要作用,并且列举孟母、窦燕山、黄香、孔融等历史人物实例予以辅证,说明从小就要知书学礼,日后才能遵从封建社会的纲常法度。全段的最后,再次强调了维护君臣父子、长幼尊卑等级秩序的重要。除此之外,编著者还注意教授蒙童习识一些与社会生产生活相关的知识文字,譬如农事活动中常常用到的"四时五行、六谷六畜"之类。而"匏土革木、金石丝竹"这些乐器,也不可不认识了解,因为鼓瑟吹笙、弹筝抚琴,不单能抒发人的"喜怒哀惧",而且还与宗庙祭祀、盛典礼仪密不可分。

人之初①,性本善②,
性相近,习相远③。
苟不教④,性乃迁⑤,
教之道⑥,贵以专⑦。

【注释】

①初：初始。这里指人初生下来时。

②性本善：是说人的天性善良。"人性善"是儒家代表人物孟子最
　　先提出的"人性论"观点，与之相反的是荀子主张的"人性恶"观
　　点。尽管他们的观点针锋相对，但都认为后天的学习、教育，对
　　于人生成长有着至关重要的作用。性，生性，天性。

③习：指人在成长过程中，因为后天的环境、教育不同，所形成的习
　　性、习惯。

④苟（gǒu）：如果。

⑤乃：于是，就。迁：迁移，变化。

⑥道：方法。

⑦贵：最宝贵的。这里指重视、注重。专：专一，始终不懈。

【译文】

人刚出生下来，本性都很良善，

天性虽然相近，习惯相差却远。

如果不加教诲，秉性就会改变，

教育要讲方法，贵在始终一贯。

昔孟母①，择邻处②，

子不学，断机杼③。

窦燕山④，有义方⑤，

教五子，名俱扬⑥。

【注释】

①昔：往昔，过去。孟母：孟子的母亲。孟子，名轲，战国著名思想
　　家，儒家尊其为"亚圣"。

②择:选择。处(chǔ):指安家居住。据说孟母为培养孟子,曾三次搬家。开始他家与屠夫为邻,孟子便学玩杀猪的游戏。后来的邻居是专为人操办丧事的吹鼓手,孟子又爱上了吹吹打打。最后孟母将家搬迁到了学堂旁,孟子才开始受到良好学习环境的熏陶影响。

③机杼(zhù):织布机上穿引纬线的梭子。孟子有一次逃学回家,孟母非常生气,于是用剪刀剪断了织机上已经织好的布来警示教诲儿子。

④窦(dòu)燕山:五代后周时人,名禹钧。因家居渔阳(今属北京),地处燕山脚下,故号燕山。

⑤义方:指良好的家教。

⑥俱:全都。窦禹钧共育五子,因家教严格、教育有方,五个儿子相继科举登第,名扬于世。

【译文】

昔日孟子母亲,安家慎选邻居,

孟子逃学回家,停织剪布教育。

还有窦氏燕山,家教严格有方,

培养教育五子,个个声名远扬。

养不教①,父之过②,

教不严,师之惰③。

子不学,非所宜④,

幼不学,老何为⑤?

【注释】

①养:生育,供养。

②过：过错。

③惰（duò）：懒惰，责任心不强。

④宜：应该。

⑤何为：做什么，怎么办。

【译文】

抚养而不教育，这是父亲过错，

教育而不严格，老师要负其责。

孩子不肯学习，确实太不应该，

小时如不努力，到老能干什么？

玉不琢①，不成器，

人不学，不知义②。

为人子③，方少时④，

亲师友⑤，习礼仪。

【注释】

①琢（zhuó）：雕琢，雕刻玉石使成器物。

②义：道理，应当遵循的行为规范。

③为（wéi）：做，成为，作为。

④方：正在，当。

⑤亲：亲近，尊敬。

【译文】

玉石不加雕琢，不能成为器物，

人不通过学习，不会明白事理。

所以作为儿女，就要从小时候，

培养尊师敬友，严格学习礼仪。

香九龄^①，能温席^②，

孝于亲，所当执^③。

融四岁^④，能让梨^⑤，

弟于长^⑥，宜先知^⑦。

【注释】

①香：黄香，东汉时人，博通经典，官至尚书令。九龄：九岁。

②席：炕席，卧具。黄香九岁时就知孝顺父母。夏季炎热，他先用
扇子把父母的枕席扇凉；冬日寒冷，他就用身体暖热父母的卧具
被褥。

③当：应当。执：做到。

④融：孔融，东汉末鲁国（治所在今山东曲阜）人。著名文学家，
"建安七子"之一。曾任北海相、少府、大中大夫等职。

⑤让：谦让。孔融年仅四岁，就懂得把大梨让给哥哥们，自己则挑
最小的吃。

⑥弟（tì）：同"悌"，指弟弟敬爱哥哥。长（zhǎng）：兄长。

⑦知：明白。这句是说从小就应该明白尊敬兄长、友爱兄弟的道理。

【译文】

黄香不过九岁，能替爹妈暖被，

孝顺生身父母，子女理当如此。

孔融年仅四岁，就懂让梨兄辈，

弟弟敬爱兄长，从小就要明白。

首孝弟^①，次见闻，

知某数^②，识某文^③。

一而十，十而百，

百而千，千而万^④。

【注释】

①首：首要。弟（tì）：同"悌"。

②数：数目，算术。

③文：文字，文章，文理。

④千而万：一到十是基本数字，按照十进位算术方法，十个十是一百，十个一百是一千，十个一千是一万，累计下去可以无穷无尽。这里是说做人做事的道理也如此，基础非常重要，从少到多逐渐积累，就能最终成功。

【译文】

做人首讲孝悌，其次增广见闻，

学会数目加减，认读文字文章。

这样从一到十，十十相加成百，

十百变为一千，十千能成一万。

三才者①，天地人，

三光者，日月星。

三纲者②：君臣义③，

父子亲，夫妇顺④。

【注释】

①三才：指天、地、人。

②纲：纲领，法则。"三纲"是汉儒董仲舒最早提出的封建时代君臣、父子、夫妻之间应遵守的三个行为准则，即"君为臣纲，父为子纲，夫为妻纲"。

③义：应当遵守的规矩法度。

④顺：和顺，和睦，顺从。旧时封建礼教要求妇女顺从男权，认为妻

子服从丈夫，家庭就能和顺。

【译文】

古人所谓"三才"，是指天、地与人，

古人所称"三光"，是指日、月、星辰。

古人提出"三纲"：规范君臣礼义，

要求父子相亲，夫妻和顺不弃。

曰春夏，曰秋冬，

此四时，运不穷[①]。

曰南北，曰西东，

此四方，应乎中[②]。

【注释】

①运：运行。穷：穷尽，终止。

②应（yìng）：对应。中：中央。这里是说南、北、西、东四个方位以中

　央为基准互相对应。

【译文】

说到春天夏天，还有秋季冬季，

一年四个季节，反复循环不息。

至于南方北方，加上西方东方，

对应成为四方，基准在于中央。

曰水火，木金土，

此五行[①]，本乎数[②]。

曰仁义[③]，礼智信[④]，

此五常[⑤]，不容紊[⑥]。

【注释】

①五行(xíng)：我国古代思想家提出金生水、水生木、木生火、火生土、土生金的"五行相生"，和金克木、木克土、土克水、水克火、火克金的"五行相克"学说，认为金、木、水、火、土这五种常见物质，是构成宇宙万物不可缺少的基本元素。

②本：本源，根源。数：天数，天理。

③仁：仁爱。义：应该遵守的道义。

④礼：礼仪，礼节。智：有才智，晓事理。信：诚实守信。

⑤五常：仁、义、礼、智、信这五种道德法则。常，常规，准则。

⑥紊(wěn)：紊乱，改变。

【译文】

日常所见水、火，加上木、金与土，

五行相生相克，一切本有规则。

古人倡导仁、义，恪守礼、智、诚信，

此被称作"五常"，不容紊乱违背。

稻粱菽①，麦黍稷②，

此六谷，人所食。

马牛羊，鸡犬豕③，

此六畜，人所饲。

【注释】

①粱(liáng)：古人也称粟(sù)，即谷子，去壳后叫做小米。菽(shū)：大豆，也泛指豆类。

②黍(shǔ)：粘谷子，去皮后北方称做黄米子。稷(jì)：一种谷物，古代对其形态记载解释不同，可泛指粮食作物。

③豕（shǐ）：猪。

【译文】

水稻、小米、大豆，小麦、粘谷、高粱，

以上合称六谷，是人生存食粮。

有马有牛有羊，有鸡有狗有猪，

上面六种牲畜，人们家家饲养。

<blockquote>
曰喜怒，曰哀惧，

爱恶欲^①，七情具^②。

匏土革^③，木石金^④，

丝与竹^⑤，乃八音^⑥。
</blockquote>

【注释】

①恶（wù）：厌恶，憎恨。欲：欲望，贪念。

②七情：喜、怒、哀、惧、爱、恶、欲合称七情。具：具备。古人认为七情六欲是与生俱来人人具有的感情。

③匏（páo）：匏瓠（hù），属葫芦类，古人用来制作匏笙、匏琴等乐器。土：粘土，这里指陶制吹奏乐器埙（xūn），上有一到三、五个不等的音孔。革：皮革，这里指鼓一类的革制乐器。

④木：指柷（zhù）一类的木制打击乐器。柷，形状如方形漆桶，古代雅乐开始时击之。石：指磬（qìng）一类玉石制作的敲击乐器。金：指锣、钟、钲（zhēng）、钹（bó）等金属制作的乐器。

⑤丝：指琴、瑟（sè）、琵琶等丝弦类乐器。竹：指笛子、排箫一类吹管乐器。

⑥八音：匏、土、革、木、石、金、丝、竹合称"八音"，是中国古代乐器的统称。

【译文】

高兴叫做喜悦,生气叫做愤怒,

悲痛叫做哀伤,害怕叫做恐惧,

倾慕叫做心爱,讨厌叫做憎恶,

贪念叫做私欲,七情人人具备。

匏笙、陶埙、皮鼓、木柷、石磬、金钟、

琴瑟、笛箫乐器,八类统称八音。

高曾祖①,父而身②,

身而子,子而孙,

自子孙,至玄曾③,

乃九族④,人之伦⑤。

【注释】

①高:高祖,曾祖父的父亲。曾(zēng):曾祖,祖父的父亲。祖:祖父。

②父而身:从父亲到自身。

③玄:玄孙,自身以下第五代。曾:指曾孙,孙辈的孩子,自身以下第四代。

④九族:九代,即高祖、曾祖、祖父、父、自身、子、孙、曾孙、玄孙共九世。

⑤伦:辈分,排列次序。古人特别看重家族延续、血缘血统关系。

【译文】

高祖、曾祖、祖父,父亲生下我身,

我再生我儿子,儿子又生我孙,

由自己的子孙,再生曾孙、玄孙,

传宗接代九辈,延续繁衍不停。

父子恩①,夫妇从②,

兄则友③,弟则恭④,

长幼序⑤,友与朋⑥,

君则敬⑦,臣则忠,

此十义⑧,人所同。

【注释】

①恩:恩情,有情义。

②从:顺从,和顺。封建伦理关系中注重夫权,要求妻子顺从丈夫。
新式家庭则强调男女平等。

③友:友爱。

④恭:恭敬。

⑤长幼序:指年长与年幼之间要有尊卑次序。

⑥友与朋:古人将有共同志向者称作“友”,有同样德行者称作
“朋”,后来则总称作朋友。

⑦敬:敬重,尊重。

⑧义:指应当遵守的道德伦理关系和行为准则。

【译文】

父子间重恩情,夫妇间应和顺,

兄对弟要友爱,弟对兄要谦恭,

长与幼讲尊卑,朋与友守信用,

君对臣应尊重,臣对君须忠诚,

上十义是准则,人与人同遵循。

【题解】

由于科举考试是封建时代士子求取功名、踏入仕途的必经之路,所

以《三字经》的中间部分以大量篇幅从"小学"入门开始,详细罗列出了不同教育阶段必须读及的"四书五经"、"诸子百家"等经典代表著作,并历数了自"三皇五帝"肇始,中国上下几千年历史朝代的兴废更迭。我们知道,诵读是传统蒙学教育中最行之有效的一个手段,抛开科考应试的功利目的,《三字经》让学童自幼便接触了解、熟悉背诵一些与我国传世经典及文化历史相关的基本知识,对他们日后的成长发展,有着不可低估的意义。

凡训蒙①,须讲究②,

详训诂③,名句读④。

为学者⑤,必有初⑥,

小学终⑦,至四书⑧。

【注释】

①训蒙:指对幼童的启蒙教育。训,训诫,教导。蒙,蒙昧无知。

②讲:讲解。究:追根究底,彻底弄清楚。

③详:细说,使完全明白。训诂(gǔ):解释古书中词句的意义,也叫"训故"、"故训"。

④句读(dòu):文章中应当停顿的地方,完整的句子为"句",句子中较短的停顿为"读(dòu)",后代称作标点。

⑤为(wéi)学:进行学习,做学问。

⑥初:指刚开始学习。

⑦小学:古代八岁入小学,学习洒扫应对进退,礼乐射御书数等文化基础知识和礼节。南宋著名教育家、思想家朱熹编有以此为内容的童蒙读本《小学》一书,影响较大。

⑧四书:朱熹把《论语》、《孟子》、《大学》、《中庸》四本书合在一起,

称为"四书",并为之作章句集注。从元代开始,《四书章句集注》成为各级学校必读书,也是士子参加科举求取功名的必读之书。

【译文】

幼童启蒙教育,必须讲析清楚,

细说字源词义,让其明白句读。

人们读书求学,夯实最初基础,

小学内容学好,才能研读四书。

《论语》者[①],二十篇,

群弟子,记善言[②]。

《孟子》者[③],七篇止,

讲道德,说仁义。

【注释】

①论语:孔子学生辑录孔子及其一些弟子言行、思想的一本书,共有二十篇。孔子是我国古代伟大的思想家和教育家,儒家思想的代表人物。

②善言:有启迪、教益的言论。

③孟子:书名,记录孟子及其弟子言论行为,讲述道德仁义等儒家思想。总共七篇,一般认为是孟子及其弟子万章等著,一说是其弟子、再传弟子辑录。

【译文】

儒家经典《论语》,全书二十篇目,

都是孔门弟子,师生哲言辑录。

孟子著书《孟子》,全书总共七篇,

宣讲道德修养,阐说仁义思想。

作《中庸》①,子思笔②,
中不偏③,庸不易④。
作《大学》⑤,乃曾子⑥,
自修齐⑦,至平治⑧。

【注释】

①中庸(yōng):儒家重要经典,原是《礼记》中的一篇,作者为孔子的孙子孔伋,战国初思想家。

②子思:孔伋字子思。

③中不偏:"中"的意思是不偏不倚。

④庸:平常。易:改变。"中庸"是说个人修养要做到平和适度,力求和谐,社会也能由此安定。

⑤大学:原为儒家经典《礼记》中的一篇,南宋理学大家朱熹将其与《中庸》、《论语》、《孟子》一起编为"四书"。

⑥曾子:名参(shēn),字子舆,孔子的著名弟子,春秋时代鲁国人。朱熹认为《大学》大体为曾子思想,但作者也可能是其后学。

⑦修:修身。齐:整治。这里是指治理家族,使其平安和睦。

⑧平:指平定天下。治:指治理邦国。《大学》书中强调品德修养,指出先要修养自身品性,整治管理好自己的家庭家族,才能治理好邦国,并最终做到平定天下。

【译文】

四书之一《中庸》,出自子思手笔,

"中"谓不偏不倚,"庸"是平和不变。

四书另有《大学》,作者当是曾子,

主张修身治家,方能安定天下。

《孝经》通^①，四书熟，

如六经^②，始可读。

《诗》《书》《易》^③，

《礼》《春秋》^④，

号六经，当讲求。

【注释】

①孝经：儒家经典之一，可能是孔门后学所著，论述封建孝道、宗法思想。

②六经：指儒家的六部经典《诗经》、《尚书》、《礼经》、《易经》、《春秋》、《乐经》。今《乐经》已失传，或认为《乐》非独自成书，而是包括在《诗》、《周礼》之中。

③诗：《诗经》，我国最早的诗歌总集，收集保存了古代诗歌305首。书：《尚书》，我国最早的历史典籍，是上古历史文件和追述古代事迹著作的汇编，相传是孔子编选成书。易：《周易》，也称《易经》，通过八卦形式，推测自然和社会的变化，相传是周人所作。

④礼：《礼经》，指儒家经典《周礼》、《仪礼》、《礼记》，合称"三礼"。《周礼》，亦称《周官》，搜集周王室及战国时代官制、社会制度并添附儒家政治理想汇编而成，据传是周公所作，实应为战国时代作品。《仪礼》据说是孔子采集周代留传下来的礼而编集成书，全书十七篇，内容包括士冠、乡饮、聘礼、丧服、祭祀等基本礼仪，是历代制定封建礼制的重要依据。《礼记》原是解释《仪礼》的资料汇编，内容多采自先秦旧籍，为西汉戴圣所编，世称《小戴礼记》。另有西汉戴德辑本，称作《大戴礼记》。后代"六经"中的"礼"，一般多指《礼记》。春秋：相传是孔子根据鲁国史籍整理删订而成的一部编年体史书。

【译文】

《孝经》融会贯通,"四书"熟习通晓,

再如典籍"六经",开始研读其奥。

《诗经》、《尚书》、《周易》,《礼记》再加《春秋》,

号称儒家"六经",应当讲习探求。

有《连山》①,有《归藏》②,

有《周易》,三易详③。

有典谟④,有训诰⑤,

有誓命⑥,《书》之奥⑦。

【注释】

①连山:书名,相传为伏羲氏所作,又称《连山易》。

②归藏(cáng):书名,相传为黄帝作,又称《归藏易》。

③三易:《连山易》、《归藏易》、《周易》三部古代易书合称"三易"。详:详尽,知详。指掌握了"三易"也就弄懂了以"卦"的形式解释宇宙、人事万物循环变化的道理。

④典:《尚书》文体之一,主要记载典章制度。谟(mó):《尚书》文体之一,主要记载大臣谋士为君王建言献策的事迹和言辞。

⑤训:《尚书》文体之一,主要记载贤臣劝诫训导君王的言辞。诰(gào):《尚书》文体之一,主要记载君王的政令通告。

⑥誓:《尚书》文体之一,主要记载君王出师征伐时誓师的文辞。命:《尚书》文体之一,主要记载君王对大臣的训令。

⑦书:指《尚书》。奥:深奥难懂。因为《尚书》渊源久远,语言古今迥异,所以连唐代文学大家韩愈都感叹其"佶(jí)屈聱(áo)牙",艰涩拗口。

【译文】

伏羲著有《连山》，黄帝又作《归藏》，

两书加上《周易》，万物变化知详。

《书》载典章、谋略，君臣言行、政令，

征伐誓言、训令，文字深奥难懂。

> 我周公①，作《周礼》，
> 著六官②，存治体③。
> 大小戴④，注《礼记》⑤，
> 述圣言，礼乐备⑥。

【注释】

①周公：周武王的弟弟姬旦，西周初年著名政治家，曾助武王灭商。武王死后，其子成王年幼，由周公摄政辅佐成王。

②六官：《周礼》分天官冢宰、地官司徒、春官宗伯、夏官司马、秋官司寇、冬官司空六部分，讲述周代典章制度。据说为周公所著，实际上系成书于战国，故其中也含有战国的相关内容。

③存：保存并使后人知晓。治体：国家政治体制。

④大小戴：指西汉儒家学者戴德、戴圣叔侄。

⑤注礼记：《礼记》是战国秦汉间儒家言论、特别是关于礼制方面的言论汇编，它有两种辑录本，由戴德辑录的称《大戴礼记》，由戴圣辑录的称《小戴礼记》。现在通行的本子是《小戴礼记》，东汉郑玄为之作注，唐孔颖达为之作疏。

⑥备：齐全，详尽。这句意思是《礼记》为后人了解前代礼乐制度提供了详备记载。

【译文】

有我圣贤周公,为国制作《周礼》,

分列六类官制,留存周代政体。

戴德戴圣叔侄,搜录编辑《礼记》,

叙述圣人言论,礼乐制度齐备。

　　　　　　　曰《国风》①,曰《雅》《颂》②,
　　　　　　　号四诗③,当讽咏④。

【注释】

①国风:又称"风",包括《周南》、《召南》、《邶》、《鄘》……共十五个诸
　侯国与地区的一百六十首诗歌,大多为周代各地的民间歌谣,是
　《诗经》三百篇中最富思想意义和艺术价值的篇章。

②雅:分《大雅》、《小雅》两部分。《大雅》是诸侯朝会时的乐歌,共
　三十一篇;《小雅》大部分是贵族聚会宴享时的乐歌,有七十四
　篇。颂:朝廷、诸侯、贵族们宗庙祭祀时的乐歌,分《周颂》、《商
　颂》、《鲁颂》三部分,共计四十篇。

③号:名称叫做。四诗:指《风》、《小雅》、《大雅》、《颂》。一说是指
　《风》、《雅》、《颂》、《南》(《周南》和《召南》的合称),这里指《诗
　经》。

④讽咏:吟诵。咏,有节奏地、声调抑扬地唱诵。

【译文】

民间歌谣《国风》,朝会祭祀《雅》、《颂》,

《诗经》号称"四诗",应当击节吟诵。

《诗》既亡,《春秋》作,
寓褒贬①,别善恶。
三传者②,有《公羊》③,
有《左氏》④,有《穀梁》⑤。

【注释】

①寓(yù):寄托,隐含。褒(bāo)贬:评论好坏。以上是说随着周
　朝衰落,《诗经》的微言大义也被世人遗忘冷落,于是孔子依据鲁史
　整理修订《春秋》。《春秋》文字简短,据说隐含着对当时政治的褒
　贬和各国当政者善恶行为的分辨讽喻,后世称之为"春秋笔法"。

②传(zhuàn):解释经书的文字。"三传"是指解说注释《春秋》的
　《公羊传》、《左传》、《穀梁传》。

③公羊:《公羊传》,也称《春秋公羊传》,儒家经典之一,旧题战国
　时公羊高撰。

④左氏:《左传》,也称《左氏春秋》,儒家经典之一,旧传春秋时左丘
　明撰。

⑤穀(gǔ)梁:《穀梁传》,也称《春秋穀梁传》,儒家经典之一,旧题
　穀梁赤撰。

【译文】

《诗经》大义沦丧,《春秋》继之而作,
文字寓含褒贬,目的辨别善恶。
"三传"阐释《春秋》,一是《春秋公羊》,
二是《左氏春秋》,三乃《春秋穀梁》。

经既明①,方读子②,
撮其要③,记其事。
五子者,有荀扬④,
文中子⑤,及老庄⑥。

【注释】

①经：指儒家经典。明：指懂得，了解。

②方：始，才。子：指诸子百家著作。

③撮（cuō）：撮取，选择归纳。要：要点，要旨。

④荀（xún）：荀子，名况，战国著名思想家，著作有《荀子》。扬：扬雄，西汉著名文学家，除擅长作赋外，经学、小学造诣亦深，著有《法言》、《太玄》、《方言》等。

⑤文中子：隋代王通的私谥。其子福郊、福畤模拟《论语》辑录王通语录的书称《中说》，亦称《文中子》。

⑥老：老子。老子及其著作《老子》的年代争议较大，通行说法是老子姓李名耳，字聃（dān），春秋后期或战国时代人。《老子》一书分道经、德经两部分，所以又称《道德经》。庄：庄子。战国时代人，与老子同为道家学派的代表人物，世称老庄，著有《庄子》。

【译文】

经书读懂之后，方可再读诸子，

选择归纳要旨，熟记事缘因果。

诸子名家五子，包括荀子、扬子，

文中子即王通，以及老子、庄子。

经子通①，读诸史②，

考世系③，知终始④。

自羲农⑤，至黄帝⑥，

号三皇⑦，居上世⑧。

【注释】

①通：彻底明了，懂得。

②诸：众多。

③考：考究，考据。世系：帝王家族世代相承的脉络关系。

④终始：指王朝盛衰兴亡及原因。

⑤羲(xī)：伏羲氏，神话中的人类始祖，传说他与妹妹女娲氏相婚产
生了人类。又传他教民结网从事渔猎畜牧，并制作了八卦。农：
神农氏，传说中农业、医药的发明者，有神农尝百草之说。一说
神农即炎帝。

⑥黄帝：传说中的中原各族的共同祖先，姬姓，号轩辕氏。相传他
曾打败炎帝，击杀蚩尤。舟车、文字、音律、算术等据说都是由他
发明创造的。

⑦三皇：传说中的三位远古帝王，这里指伏羲、神农、黄帝。

⑧上世：远古时代。

【译文】

经书、子书贯通，接着再读史著，

考究朝代世系，了解兴衰始末。

远自伏羲、神农，再至轩辕黄帝，

后人尊称"三皇"，所处时代远古。

唐有虞①，号二帝，

相揖逊②，称盛世。

夏有禹③，商有汤④，

周文武⑤，称三王。

【注释】

①唐：唐尧，传说中父系氏族社会部落联盟领袖。相传他曾设官掌
管时令，制定历法。有虞(yú)：虞舜。

②揖逊（xùn）：禅（shàn）让王位。传说唐尧对虞舜进行了三年考核后，推选舜继任为部落联盟领袖。舜继位后，又选拔治水有功的禹为继任人。

③禹：传说中夏后氏的部落领袖，奉舜命治理洪水十三年，疏通江河，兴修水利，舜死后继任为部落联盟领袖。

④汤：又称成汤、大乙等，商王朝的建立者。

⑤周文武：周文王和周武王。文王为商末周族领袖，姬姓，名昌，曾遭商纣王囚禁。统治期间，国势逐渐强盛。其子武王，姬姓，名发，西周王朝的建立者。

【译文】

传说唐尧、虞舜，自古号称二帝，

选贤禅让王位，史称太平盛世。

夏有治水大禹，商有开国成汤，

周有文王、武王，举世称颂三王。

夏传子①，家天下②，
四百载③，迁夏社④。
汤伐夏⑤，国号商，
六百载，至纣亡⑥。

【注释】

①夏传子：夏禹开始将王位传给儿子，不再选贤禅让。

②家天下：天下从此成为一个家族所有。

③四百载：从夏禹开始到夏朝灭亡共四百三十余年。

④迁：迁移，改变。这里指王朝覆灭。社：社稷，指国家政权。

⑤伐：讨伐。商汤任用贤臣伊尹执政，不断积聚壮大力量，最后一

举灭夏,夏朝末代暴君桀出逃而死。

⑥纣(zhòu):纣王,商朝末代国君,荒淫暴虐。从商汤立国到周武王灭商,纣王自焚而死,共计六百四十余年。

【译文】

夏禹传位于子,天下归其家有,

历时四百余载,夏朝最终覆亡。

商汤赶走夏桀,建立国号为商,

商朝六百余载,至纣自杀国亡。

周武王,始诛纣①,

八百载②,最长久。

周辙东③,王纲坠④,

逞干戈⑤,尚游说⑥。

【注释】

①诛(zhū):诛杀。武王继承文王遗志,会合西南各族起兵伐纣,取得牧野大捷。纣王兵败自焚。

②八百载(zǎi):自公元前十一世纪周武王立国,至公元前256年周赧(nǎn)王时被秦昭王所灭,周朝共历三十四王,八百余年。

③周辙东:指周平王将国都镐(今陕西西安沣河以西)东迁至洛邑(今河南洛阳)。辙,这里指代车,意思是搬迁。公元前771年周幽王被杀,次年平王东迁,历史上称平王东迁前为西周,以后为东周。东周又可分春秋、战国两个时期。

④王纲:王朝的统治。坠:衰落。这句是说东周王室已无力控制各国诸侯。

⑤逞干戈:炫耀武力。指诸侯纷纷称王称霸。

⑥尚游说（shuì）：谋士、政客凭借口才劝说各国诸侯采纳他们的计策主张。尚，崇尚。

【译文】

武王起兵伐商，纣王兵败自戕，

周朝国运最长，历时八百余载。

自从平王东迁，周室开始衰败，

诸侯炫耀武力，谋士鼓吹游说。

始春秋①，终战国②，
五霸强③，七雄出④。
嬴秦氏⑤，始兼并⑥，
传二世⑦，楚汉争⑧。

【注释】

①春秋：指公元前770年至公元前476年这段时期，因鲁国编年史《春秋》而得名。

②战国：指公元前475年至公元前221年这段时期，因当时各诸侯国间连年战争而得名。

③五霸：指齐桓公、晋文公、秦穆公、宋襄公、楚庄王这五个春秋时代的霸主。

④七雄：战国时代七个强国齐、楚、燕、韩、赵、魏、秦。

⑤嬴（yíng）秦氏：秦国国君嬴姓，所以秦也称嬴秦，这里是指秦始皇嬴政。

⑥兼并：并吞。秦王嬴政十年间先后消灭了其余战国六强，于公元前221年建立了秦王朝，并自称始皇帝。

⑦二世：秦始皇儿子，名胡亥，继承始皇为二世皇帝。

⑧楚：楚霸王项羽。汉：汉王刘邦。争：争权。秦传至二世，天下又乱，最后形成楚汉相争的局面。

【译文】

东周前期春秋，后期称作战国，

春秋五霸逞强，战国七雄鼎立。

嬴政即位秦王，开始并吞六强，

可叹仅传二世，项羽、刘邦争王。

高祖兴①，汉业建，

至孝平②，王莽篡③。

光武兴④，为东汉⑤，

四百年，终于献⑥。

【注释】

①高祖：汉高祖刘邦。兴：兴起。刘邦打败项羽，于公元前202年称帝，建立西汉王朝。

②孝平：汉平帝，在位仅五年便被王莽毒杀，西汉灭亡。

③王莽（mǎng）：汉元帝皇后侄，以外戚掌权。后毒死平帝，于公元8年篡夺政权代汉称帝，改国号为"新"。

④光武：指东汉光武帝刘秀。公元23年王莽新朝被绿林农民起义军推翻。公元25年刘秀称帝重建汉朝，史称"光武中兴"。

⑤为（wéi）：是，叫做。

⑥献：汉献帝，东汉末代皇帝。公元220年东汉灭亡。

【译文】

高祖击败项羽，汉朝基业始建，

皇位传至平帝，却被王莽夺篡。

光武起兵中兴,建朝史称东汉,

两汉四百余年,最终亡于汉献。

魏蜀吴^①,争汉鼎^②,

号三国,迄两晋^③。

宋齐继^④,梁陈承^⑤,

为南朝^⑥,都金陵^⑦。

【注释】

①魏:公元220年曹丕取代汉献帝于洛阳称帝,国号魏,史称曹魏。
蜀:公元221年刘备在成都称帝,国号汉,史称蜀汉。吴:公元
222年孙权在建业(今江苏南京)称吴王,229年称帝,史称孙吴、
东吴。魏、蜀、吴三国鼎立,历史号称三国时期。

②鼎(dǐng):传国宝器,象征国家政权、江山社稷。

③迄(qì):到。两晋:西晋和东晋的合称。公元265年司马炎代魏
称帝,都洛阳,是谓西晋。西晋灭亡后,公元317年司马睿(ruì)
在建康(今江苏南京)重建政权,史称东晋。

④宋:公元420年刘裕代晋称帝,建都建康,国号宋,史称刘宋,以
区别后来的赵宋。齐:公元479年萧道成代宋称帝,国号齐,史
称南齐。继:延续,接替。

⑤梁:公元520年萧衍(yǎn)代齐称帝,国号梁,史称萧梁。陈:公
元557年陈霸先代梁称帝,国号陈。承:承接,继续。

⑥南朝:自刘裕建宋到陈为隋灭,历经宋、齐、梁、陈四代,史称
南朝。

⑦都(dū)金陵:南朝四代皆建都在今天的南京,南京古称建业、建
康、金陵等名。都,指建都。

【译文】

曹魏、蜀汉、东吴,争夺汉室皇权,

三国鼎立混战,两晋一统江山。

刘宋、南齐继国,萧梁与陈接承,

历史称为南朝,四代建都金陵。

北元魏①,分东西②,

宇文周③,与高齐④。

迨至隋⑤,一土宇⑥,

不再传⑦,失统绪⑧。

【注释】

①北:北朝。元魏:北魏。公元386年北为鲜卑族拓跋珪(guī)称
　王,国号魏,建都平城(今山西大同)。后孝文帝迁都洛阳,改姓
　"元",所以历史上也称北魏为元魏。

②分东西:公元534年北魏分裂为东魏和西魏。

③宇文周:北周。公元557年宇文觉代西魏称帝,建都长安(今陕
　西西安),国号周,史称北周。因皇室姓宇文,故也称宇文周。

④高齐:北齐。公元550年高洋代东魏称帝,建都邺(今河北临漳
　西南),国号齐,史称北齐、高齐。北朝的北魏、东魏、西魏、北齐、
　北周政权与南朝一直对峙,历史上称为南北朝时期。

⑤迨(dài):及,等到。隋:公元581年杨坚代北周称帝,国号隋,史
　称隋文帝。

⑥一:统一。土宇:天下。

⑦不再传:隋朝于二代皇帝炀帝时亡国,社稷不再传续。

⑧统绪:一脉相传的系统。指帝位世代传承。

【译文】

北朝先有北魏，后分东魏、西魏，

宇文代魏建周，高洋另立北齐。

直到杨坚称帝，天下一统归隋，

隋朝仅传一代，从此失去帝位。

唐高祖①，起义师，

除隋乱，创国基②。

二十传③，三百载④，

梁灭之⑤，国乃改。

【注释】

①唐高祖：李渊，原为隋朝太原留守，封唐国公，起兵反隋，攻克长安。
　　公元618年隋亡，他在关中称帝，国号唐。

②国基：国家基业。

③二十传：唐朝共传二十帝。传，指帝位相传。

④三百载：自公元618年至907年，唐朝统治近三百年。

⑤梁：公元907年朱温篡唐称帝，建都汴（今河南开封），国号梁，史
　　称后梁。

【译文】

唐朝高祖李渊，兴起仁义之师，

清除隋末之乱，开创大唐基业。

传承二十皇帝，享国近三百年，

后梁朱温灭唐，江山于是改变。

梁唐晋①,及汉周②,
称五代③,皆有由④。
炎宋兴⑤,受周禅⑥。
十八传⑦,南北混⑧。

【注释】

①梁:后梁。唐:后唐。公元923年沙陀部人李存勖（xù）灭后梁称帝,建都洛阳,国号唐,史称后唐。晋:后晋。公元936年沙陀部人石敬瑭勾结契丹灭后唐称帝,建都汴,国号晋,史称后晋。

②汉:后汉。公元946年契丹灭后晋。次年沙陀部人刘知远趁机称帝,建都汴,国号汉,史称后汉。周:后周。公元951年,郭威代后汉称帝,改国号为周,史称后周。

③五代:后梁、后唐、后晋、后汉、后周五个中国北方的短暂朝代的合称。

④由:缘由。

⑤炎宋:公元960年赵匡胤建立宋朝,定都汴京（今河南开封）,为区别于南朝刘宋,史称赵宋。赵宋尊崇五行中的火德,故亦称炎宋。兴:兴起,建立。

⑥受周禅（shàn）:赵匡胤原官后周殿前都点检,掌握兵权。960年他发动陈桥兵变,黄袍加身,废黜后周恭帝,篡位登基。禅,是说周恭帝禅让出帝位。《三字经》出自宋人之手,"禅位"不过是宋人避讳之言。

⑦十八传:宋代共历十八帝。

⑧南北混:公元1126年金兵攻入汴京,北宋亡。宋室南渡,建都临安（今浙江杭州）,史称南宋。两宋先后与北方辽、金、西夏、蒙古互相攻伐混战,局势纷乱。

【译文】

后梁、后唐、后晋,以及后汉、后周,

史书称作五代,更替都有缘由。

炎炎隆宋兴国,源自后周禅让,

共历一十八帝,后陷南北纷乱。

辽与金^①,帝号纷^②,

迨灭辽^③,宋犹存^④。

至元兴^⑤,金绪歇^⑥,

有宋世,一同灭^⑦。

并中国^⑧,兼戎狄^⑨,

九十年^⑩,国祚废^⑪。

【注释】

①辽:公元907年耶律阿保机建契丹国。938年契丹改国号为辽。是中国北方与北宋长期对峙的王朝。金:公元1115年女真族完颜阿骨打创建的朝代,建都会宁(今黑龙江阿城南)。1125年灭辽,次年灭北宋。

②帝号纷:指辽、金纷纷建国称帝。

③迨(dài):及,等到。

④宋犹存:辽被金灭时,北宋仍存在。后宋室南渡,南宋又存在一百五十三年。

⑤元:公元1206年成吉思汗建蒙古国,陆续攻灭西辽、西夏、金、大理等国。1271年忽必烈定蒙古国号为元。

⑥金绪歇:元朝兴盛,金的事业功绩渐渐削弱停息。绪,功业。歇,停止。

⑦一同灭：金与南宋同样是被元所灭。

⑧并中国：公元1279年元世祖忽必烈灭掉南宋统一中国，建都大都（今北京）。并，吞并。

⑨兼：兼并。戎（róng）狄（dí）：古代对西、北少数民族的称谓。

⑩九十年：自元世祖公元1271年定蒙古国号为元，到公元1368年朱元璋推翻元朝统治，共计九十八年。

⑪国祚（zuò）：帝位。废：废弃。此指亡国。

【译文】

北方辽人金人，纷纷建国称帝，

到了金朝灭辽，南边还存宋朝。

直至元朝兴盛，金朝功业才消，

南宋继金之后，同被元朝灭掉。

元朝统一中国，同时兼并戎狄，

历时九十余载，最终帝位废弃。

明太祖①，久亲师②，

传建文③，方四祀④。

迁北京，永乐嗣⑤，

迨崇祯⑥，煤山逝。

【注释】

①明太祖：朱元璋，少时家贫曾出家为僧。后参加元末义军，屡有战功，成为统帅。1368年推翻元朝统治，建立明朝，建都南京。

②久：长期，一直。亲师：亲自率兵征伐。

③建文：明惠帝，年号建文，朱元璋之孙。

④四祀（sì）：四年。建文帝在位仅四年。

⑤永乐：明成祖朱棣（dì），年号永乐。嗣（sì）：指继承帝位。朱棣是
　朱元璋第四子，建文帝叔，封燕王，镇守北平（今北京）。他不满
　太祖传位皇太孙，以平定变乱为借口，起兵攻陷南京，建文帝生
　死下落不明。朱棣夺取帝位，后又迁都北京。

⑥崇祯（zhēn）：明思宗，年号崇祯。公元1644年李自成率起义军
　攻克北京，崇祯杀死幼女、嫔妃后在煤山（今北京景山）自缢，
　明朝灭亡。

【译文】

明太祖朱元璋，亲统兵灭元朝，

传皇位给建文，才四年被叔夺。

将国都迁北京，号永乐继帝位，

到崇祯家国碎，逝煤山明亡废。

清太祖①，膺景命②，
靖四方③，克大定④。
至世祖⑤，乃大同⑥，
十二世⑦，清祚终⑧。

【注释】

①清太祖：姓爱新觉罗，名努尔哈赤，公元1616年统一女真（满族
　前身），建立后金。他雄才大略，建八旗，创满文，在满清的初期
　发展中起了重要作用。其子皇太极1636年改国号为清。

②膺（yīng）：承受。景命：上天授予王位之命，天命。

③靖（jìng）：平定。

④克：能够。大定：大一统。此指统一女真各部。

⑤世祖：爱新觉罗·福临，年号顺治。他六岁即位，由叔父多尔衮

(gǔn)摄政。

⑥大同：儒家所谓的理想社会。顺治元年（1644）清兵入关，击败李
自成政权，建都北京。继而统一中国，建立所谓太平盛世。

⑦十二世：自清太祖起清代共历十二帝。

⑧祚（zuò）：帝王之位，也指国运。终：止。宣统三年（1911）辛亥革
命推翻清王朝，结束了两千多年来的封建君主制度。

【译文】

清祖努尔哈赤，禀承上天授命，

平定女真全境，完成开国重任。

到了世祖福临，取得天下大同，

清帝传至十二，宣统退位告终。

读史者，考实录①，
通古今，若亲目②。
口而诵，心而惟③，
朝于斯④，夕于斯⑤。

【注释】

①考：查核考证。实录：翔实可靠的记载。又"实录"为中国古代编
年体史书之一种，中国自南朝梁开始，历朝历代都修有每个皇帝
统治时的编年大事记《实录》，虽于实事多有忌讳，但资料丰富，
常为修史者所依据。

②若：如同。亲目：亲眼所见。

③惟：思考。

④朝（zhāo）：早上。斯：这里。

⑤夕：晚上。

【译文】

想要读通历史,必须查考史料,

了解古往今来,就像亲眼目睹。

一面口中诵读,一面用心思考,

早晚专注于此,才能真正学好。

【题解】

《三字经》既然是教幼学读书识字的课本,全书的最后部分,重点自然放在了学习态度和学习方法上。编著者一口气举出了上自孔子不耻下问、名相赵普手不释卷,下至贫寒子弟路温舒、公孙弘以蒲草竹片代纸,车胤、孙康借萤火雪光为灯,以及孙敬"头悬梁"、苏秦"锥刺骨"这些勤奋苦读的榜样。称赞苏洵、梁灏大器晚成,祖莹、李泌、刘晏少年成名,蔡文姬、谢道韫巾帼不让须眉。说明不分高低贵贱、老幼男女,只要励志苦学,人人可以成才。《三字经》的这部分内容,可谓全书精华,对南宋以降数百年间的蒙学教育影响很大,其所推崇的学习榜样和学习方法,人们至今仍耳熟能详,深受教益。尤其值得称道的是,编著者在全书结尾处,谆谆所言之"培养教育好子女,远胜留给他们金银财富"的价值观,具有十分积极的警世意义,以此终篇,发人深省。

昔仲尼①,师项橐②,

古圣贤,尚勤学。

赵中令③,读《鲁论》④,

彼既仕⑤,学且勤。

【注释】

①昔:往昔,以前。仲尼:孔子名丘,字仲尼,春秋时鲁(今山东曲

阜）人，思想家、政治家、教育家，儒家的创始者，被尊为"至圣先师"。

②师项橐（tuó）：以项橐为师。项橐，鲁国神童。据说他七岁时就教过孔子乐曲，十一岁时死去。

③赵中令：赵普，北宋初年两朝宰相。中令，即中书令，宋代行政中枢中书省长官。赵普任中书令时仍手不释卷阅读《论语》，曾有"半部论语治天下"的名言。

④鲁论：西汉初年鲁国人所传的《论语》。当时还有古文字写的《古论》和齐国人所学的《齐论》。

⑤彼：他。指赵中令。仕：做官。

【译文】

从前圣人孔子，求教七岁项橐，

古人即便圣贤，尚且不忘勤学。

北宋宰相赵普，《论语》常年在手，

他虽已做高官，勤奋好学依旧。

披蒲编①，削竹简②，

彼无书，且知勉③。

头悬梁④，锥刺股⑤，

彼不教⑥，自勤苦。

【注释】

①披蒲（pú）编：西汉人路温舒家贫，在水泽边放羊时砍蒲草编成本册，当作书写文字的纸张。披，劈分。

②削（xiāo）竹简：西汉人公孙弘幼贫，在竹林中放猪时将青竹削成竹片，向人借书抄在上面苦读。

③勉：尽力。这里指勤奋努力读书。

④头悬梁：汉朝人孙敬读书非常刻苦，晚上阅读时，他把头发拴在
屋梁上以免打瞌睡。

⑤锥（zhuī）刺股：战国人苏秦读书每到疲倦时，就用锥子刺大腿来
警醒自己。股，大腿。

⑥不教：不用督促。

【译文】

温舒编草写字，公孙竹片抄书，

他俩无钱买书，尚且如此苦读。

孙敬头发系梁，苏秦锥子刺腿，

他们无须督促，学习勤奋刻苦。

如囊萤①，如映雪②，

家虽贫，学不辍③。

如负薪④，如挂角⑤，

身虽劳，犹苦卓⑥。

【注释】

①囊（náng）萤：晋朝人车胤家贫买不起灯油，他捉来许多萤火虫装
在纱袋里照亮儿夜读。

②映雪：晋朝人孙康贫苦，冬夜借助积雪的反光读书。

③辍（chuò）：停止。

④负薪（xīn）：汉朝人朱买臣靠砍柴为生，挑柴时将书放在柴草担
上边走边读。

⑤挂角：隋朝人李密给人家放牛，他把书册挂在牛角上，一边放牛
一边读书。

⑥苦卓：刻苦自强。卓，卓越，不同一般。

【译文】

车胤借助萤火，孙康借助雪光，

家贫条件不好，读书念念不忘。

买臣书挂柴担，李密书挂牛角，

每日干活虽苦，书却一刻不放。

苏老泉①，二十七，

始发愤，读书籍。

彼既老，犹悔迟②，

尔小生③，宜早思④。

【注释】

①苏老泉：苏洵，别号老泉，宋代著名文学家。二十七岁才发奋读
　书，与长子苏轼、次子苏辙合称"三苏"，同列唐宋散文八大家内。

②悔迟：这里指后悔自己年纪大了才知道发愤读书，起步太晚。

③尔：你，你们。小生：青少年。

④思：指认真思考读书学习的问题。

【译文】

苏洵别号老泉，直到二十七岁，

才知发愤苦读。老来虽有成就，

还是后悔当初，没有更早学习。

你们年纪轻轻，应当早做考虑，

珍惜大好时光，发奋读书自立。

　　　　若梁灏^①,八十二,

　　　　对大廷^②,魁多士^③。

　　　　彼既成^④,众称异,

　　　　尔小生,宜立志。

【注释】

①梁灏(hào):五代末年人,历经后晋、后汉、后周,直到北宋太宗雍
　熙年间他八十二岁时才考中状元。一说梁灏实为宋人,二十三
　岁时登第。

②对大廷:在朝廷上回答皇帝的策问。

③魁(kuí)多士:在众多名士中一举夺魁。魁,为首,第一。

④成:取得成功。

【译文】

再如五代梁灏,八十二岁登第,

金殿对答如流,众名士中夺魁。

如此高龄成才,天下无不惊异,

你们年轻小子,更要励志努力。

　　　　莹八岁^①,能咏诗,

　　　　泌七岁^②,能赋棋^③。

　　　　彼颖悟^④,人称奇,

　　　　尔幼学,当效之^⑤。

【注释】

①莹:北魏人祖莹,八岁时就能作诗成诵。

②泌(mì):唐朝人李泌,七岁时便能作出棋赋,有"方若棋局,圆若

运知"等句。

③赋：写赋。

④颖（yǐng）悟：聪明有悟性。悟，理解力强。

⑤效：效仿，作为榜样学习。

【译文】

祖莹八岁能诗，李泌七岁作赋。

他们聪明好学，人人赞叹称奇，

你们年幼求学，当向他们看齐。

蔡文姬①，能辨琴，

谢道韫②，能咏吟。

彼女子，且聪敏，

尔男了，当白警③。

【注释】

①蔡文姬：东汉著名文学家蔡邕（yōng）女儿蔡琰（yǎn），字文姬。

　精通诗赋、音律，能辨别琴声，所作《胡笳十八拍》一时号为绝唱。

②谢道韫（yùn）：晋代著名女诗人，才思敏捷，能出口成诗。

③自警：指警醒自己不要落在女子之后。

【译文】

文姬能辨琴韵，道韫出口诗成，

她们虽是女子，尚且如此聪颖，

你们堂堂男子，更当激励警醒。

唐刘晏①，方七岁，

举神童②，作正字③。

彼虽幼,身已仕④,

尔幼学,勉而致⑤。

有为者,亦若是⑥。

【注释】

①刘晏(yàn):唐玄宗时人,七岁便能写诗做文,是当时著名神童。

②举:推举选拔。

③正字:官名,负责校勘书籍。刘晏七岁时唐玄宗泰山封禅(在泰山祭祀天地),刘晏所献颂文深得玄宗称赞,授官太子正字。

④仕:做官。

⑤勉而致:努力然后就能做到。致,达到。

⑥有为者,亦若是:此句为总结语,意思是一切有作为的人,都能与上述名贤一样取得成就,扬名后世。是,这样。

【译文】

唐代有个刘晏,七岁献赋泰山,

玄宗举作神童,作了校勘之官。

他虽小小年纪,已然担当重任,

你们年龄相同,努力也能成功。

凡有作为之人,都能千古传诵。

犬守夜,鸡司晨①,

苟不学②,曷为人③?

蚕吐丝,蜂酿蜜。

人不学,不如物。

【注释】

①司:管理,负责。

②苟（gǒu）：如果。

③曷（hé）：何，怎么。

【译文】

狗会看家守夜，鸡能报晓啼鸣，

如不用心学习，有何资格称人？

春蚕辛苦吐丝，蜜蜂勤劳酿蜜，

人不勤奋学习，不如这些动物。

幼而学，壮而行①，

上致君②，下泽民③。

扬名声，显父母④，

光于前⑤，裕于后⑥。

【注释】

①壮：成年。行：行事。指实践。

②致君：指辅佐君王，报效国家。

③泽民：指为官一方，惠及百姓。泽，恩泽。

④显父母：使父母声名地位能显赫高贵。

⑤光于前：指光宗耀祖。前，指祖辈。

⑥裕于后：指惠泽后代。裕，使富足。

【译文】

幼时勤奋学习，长大学以致用，

上能报效君主，下可造福百姓。

既能声名远扬，又能显耀双亲，

祖宗增添光彩，恩泽惠及子孙。

人遗子^①,金满籯^②,

我教子,惟一经^③。

勤有功^④,戏无益,

戒之哉,宜勉力。

【注释】

①遗:留下。

②籯(yíng):竹箱,竹筐。

③经:泛指经典、经书。这里是作者对自己《三字经》的自称。

④功:功绩,成效。

【译文】

别人留给后代,或许满箱金银,

而我教育儿孙,仅有三字此经。

勤学定有收获,贪玩浪费光阴,

必须以此为戒,勉励自己成人。

百家姓

前　言

赵钱孙李《百家姓》

"赵钱孙李,周吴郑王",海内外的炎黄子孙大概人人可以脱口诵出这样的句子,也大概鲜有人不知这是出自于《百家姓》。

《百家姓》是集中华姓氏为四言韵语的蒙学识字课本,作者佚名,一般认为它是出自宋初五代十国的吴越宿儒之手,这从首句"赵钱孙李"的姓氏排列可见端倪:"赵"为宋朝国姓至尊无上,自然位列第一。"钱"是吴越国(在今江浙一带)王室姓氏,故居其次。吴越第五代王钱俶曾策应赵宋平定江南,至宋太宗时献国归宋,受封邓王,"孙"乃其正室王妃之姓,所以紧随"钱"后。"李"是与吴越毗邻的南唐皇帝之姓,且为当时华夏大姓,故排序第四。

《百家姓》之前,关于姓氏的文字记载可上溯自商代甲骨文。战国时史官编撰的《世本》,则是我国第一部系统的姓氏专著,它记述了黄帝至春秋时诸侯大夫的姓氏、世系、居邑等,是姓氏探源的珍贵历史文献,但是流传到宋代原书已渐散佚。之后流传最广、影响最大的姓氏著作就属《百家姓》了。与《千字文》等蒙书不同,《百家姓》虽说形式上也四四为句,合辙押韵,但是除了表示姓氏的汉字罗列,并不蕴含其他意义。它能穿越千年历史的漫长时空,流传至今,家喻户晓,与中国传统的以家族为中心,按血统区别亲疏的宗祧观念密不可分。

中华姓氏形成的历史,可追溯到史前史时期,由于那时尚无文字,所以有关史料只能依靠夹杂有大量玄奇成分的神话传说口口相传,而表述某个氏族起源及祖先情况的神话故事,正是史前时期的主要历史内容。

华夏姓氏文化的核心人物是三皇五帝,他们被视为中华民族的共同祖先和最早的统治者。尽管在传说中三皇五帝的形象人神混杂且名目不一,但可尊之为三皇的,主要是由教人构木而居的有巢氏、钻木取火的燧人氏、捕鱼狩猎的伏羲氏、播种五谷的神农氏、补天造人的女娲氏组成。

五帝时代晚于三皇,其传说主要反映了父系氏族社会部落联盟时期的历史,以《史记·五帝本纪》所载五帝为常见,即:黄帝(姬姓,号轩辕氏)、颛顼(号高阳氏)、帝喾(号高辛氏)、帝尧(号陶唐氏,名放勋)、虞舜(号有虞氏,名重华),其中尤以黄帝影响为最。另外还有炎帝(姜姓,号烈山氏或厉山氏)、太皞(亦作太皓,风姓,一说即伏羲氏)及少皞(亦作少昊,号金天氏,名挚)。

三皇五帝外,姓氏溯源的核心人物还有禹(也称夏禹、大禹、戎禹,姒姓,名文命)、皋陶(偃姓)、契(子姓)、伯益(亦称大费,嬴姓)、后稷(姬姓)。

上古有姓有氏。姓乃族号,表示血统,早期来源于部落图腾,故有以动植物为姓者如熊、虎、瓠、华等;又因经历母系社会,所以姓以女旁居多,如姬、姒、姚、姜、嬴等。由于子孙繁衍,一族又分出其他支系,散居迁徙到各处,这些分支便以氏作为区别。正如《通鉴外纪》所说:"姓者统其祖考之所自出,氏者别其子孙之所自分。"可见上古姓、氏既有联系又有区别。

周代姓氏制度和封建宗法制度密切相关,只有贵族可以拥有姓氏,平民则无姓无氏。贵族中女子称姓,因为姓是用来"别婚姻"的,血缘共同的同姓间不能通婚。故贵族女子姓比名更重要,待嫁女子可以在己姓上加伯、仲、叔、季的排行来区别,如伯姬、孟姜、仲子等;出嫁后可加自己或配偶的封地、谥号等区别,如齐姜、秦姬、敬嬴等。

贵族中男子称氏,因为氏是用来"别贵贱"的,可以表示所出何支何系,是嫡是庶,祖上身份等级、功勋地位如何。氏的情况较为复杂,诸侯以封国为氏,如郑捷(郑文公),郑是氏,捷是名;齐环(齐灵公),齐是氏,环是名。卿大夫多以封邑或居地为氏,如屈完、解狐封邑在屈、解;东门襄仲、南宫敬叔的氏是居住地。还有司马、司寇等以官名为氏;孔、叔孙、仲孙等是以祖先的字为氏;庄辛为楚庄王之后,是以祖上谥号为氏;巫、陶、龙等则是以技能为氏。

战国以后人们开始以氏为姓,到汉魏时期姓、氏逐渐合一,平民百姓也可以有姓了。而且随着民族间的交流融合,产生了许多原非汉族的复姓如宇文、贺兰、拓跋、哥舒等。

姓名之外,古代男子二十岁束发加冠举行冠礼、女子十五岁结发加笄举行笄礼时还要取字。字与名在意义上要有所联系,如屈原名平字原,鲍照字明远,宰予字子我等。春秋时男子取字最常见的是加个"子"字,如公孙侨字子产,狐偃字子犯;还常于字后加父、甫表示性别,如伯禽父、仲山甫等。

除了名和字,古人还可以有别号,如苏轼别号东坡先生,陆游别号放翁。帝王、诸侯、大夫、高官死后还有谥号,褒义的如文、武、昭、穆等,贬义的有厉、炀、灵、哀等。谥号之外帝王另有庙号,如高祖、太祖、太宗等。

自汉武帝开始,封建皇帝登基后要有纪年的年号,在位时还可以改变年号重新纪年,称作改元,如汉武帝开始时年号为建元,后改元为元光、元朔、元狩等,先后用了十一个年号。明清皇帝不改年号,所以皇帝又多了个称呼,如明太祖朱元璋称洪武帝,思宗称崇祯帝,清圣祖称康熙帝,德宗称光绪帝。

　　封建时代不能直呼君主、尊长的名字，所以常常要改字或缺笔来避讳，它的直接影响是改变别人的姓名，如汉文帝名恒，春秋时的田恒在史籍中被改称田常；汉景帝名启，微子启改名成了微子开；康熙名玄烨，名字中有玄的一律改成元。古代律法中常常是一人犯罪，株连九族，所以从高祖到玄孙的所有家族直系亲属及旁系亲属中的兄弟、堂兄弟等都会受到牵连，因此为避灭门之祸，出奔逃亡者常会被迫改姓埋名。

　　以上关于中华姓氏文化知识的简要梳理和概括，有助于我们对《百家姓》的进一步研习与解读。作为幼学启蒙读物，古人看重的是《百家姓》读来顺口、易于记诵的快捷识字功能。而今人更加重视的是其在寻根溯祖、增强民族认同感和凝聚力方面的积极作用，有一首深受海内外华夏儿女喜爱的歌曲这样唱道"天有情，地生根，黄河长出百家姓。百家姓，大家庭，赵钱孙李到如今……国有魂，民有心，自古中华第一经"，对此作出了极其生动的诠释。

　　宋编《百家姓》结篇于"司徒司空，百家姓终"，共收单姓408个，复姓32个，共计440个姓氏（不同版本间所收姓氏数目略有出入）。不过宋刻本今已不传，目前可见的仅有元代刊本。明、清以来出现了不少改编本，较著名的有以"朱"姓开头的《皇明千家姓》，以"孔"为首句、以"孟"为次句打头的康熙时《御制百家姓》，还有少数民族译本《蒙古字目百家姓》、《女真字目百家姓》等，虽然内容、格式各有特色，但无一能够取宋编本而代之。

　　本书选用的是在宋编基础上，又增收了单姓36个、复姓28个，总计504个姓氏的通行本《百家姓》，终篇结句于"第五言福"。虽然504个姓氏只占流传至今仍在使用的三千多个姓氏的六分之一，但是已经涵盖了我国人口总数的百分之九十，具有相当的代表性和实用性。

　　同时为了满足海内外中国人、华人华裔续写家族系谱，探寻血脉源出的需求，我们查阅了大量散见于各种相关史籍和姓氏考略的专书专著、字典辞书，订正了其中不少史料史迹、人名地名的讹误，对本书504

个姓氏——注明了出处。需要特别指出的是，史籍中关于姓氏的来源，许多采自神话传说，其中不乏神秘荒诞的色彩，而先民对于自己的祖先，也多有夸大虚饰之语。如《史记·殷本纪》记载商代先祖契的母亲简狄洗浴时"见玄鸟堕其卵"，"取吞之，因孕生契"；《史记·周本纪》记载周族始祖后稷之母姜原"出野，见巨人迹，心忻然悦，欲践之，践之而身动如孕者。居期而生子，以为不祥"，"初欲弃之，因名曰弃"。类似的传说，我们在注解姓氏出处时，都酌情予以了收录保留，着眼点并不拘泥其符合史实的程度，而是充分肯定它们作为姓氏文化遗产中的绚丽奇葩所具有的传承价值和意义。

李逸安

2011年3月

百家姓

赵钱孙李，周吴郑王。

冯陈褚卫，蒋沈韩杨。

【注释】

赵：嬴姓祖先伯益的后代名叫造父，造父为周穆王驾车，在穆王出
　　巡及征伐中屡屡建功，穆王于是把赵城封赏给了他，造父的后
　　代便以赵为姓。

钱：相传五帝之一颛顼（zhuān xū）的后代彭祖之孙彭孚，在西周时
　　任钱府上士，掌管财政，其子孙便以官职钱为姓。一说彭祖姓
　　篯（jiān）名铿（kēng），乃古之长寿者，其后裔去掉竹字头而改姓
　　为钱。

孙：春秋时卫武公的儿子名惠孙，其后代子孙便以孙字为姓。一说
　　孙姓源于楚国贤臣孙叔敖之后。一说春秋时陈厉公之子陈完
　　逃奔齐国后改姓田，田完六代孙田书讨伐莒国有功，被齐景公
　　封于乐安（今山东惠民），并赐姓孙。

李：颛顼帝高阳氏后裔皋陶（gāo yáo）在尧、舜时任理官，执掌刑狱
　　之事，故以理为姓。其后代遭殷纣王迫害，当时理氏家族族长
　　理征之子理利贞出逃避祸，采食李子充饥，后改理姓为李姓，以

躲避纣王耳目，同时也是为了表达对李树救难的感激。又唐代开国皇帝名李渊，李氏于是成为国姓，许多有功的家族都被赐姓李，李姓由此大增，血缘亦不再单纯。

周：周平王小儿子姬烈被封在汝州（今属河南），当地人称其家族为周家，从此便以周为姓。周王室后裔仍保持姬姓未改者，至唐代玄宗时因避李隆基的"基"音之讳，也被诏改为周。同是在唐代改姓，与李姓相比，周的血缘关系要简单得多。

吴：古代周族领袖古公亶（dǎn）父的长子太伯与弟弟仲雍远奔江南，始建勾吴国，都城梅里（今江苏无锡）。周朝建立后，武王封太伯三代孙周章为诸侯，建国号为吴。吴国被越王勾践灭掉后，其后代为记其耻，遂以国名为姓。

郑：周宣王封其弟姬友于南郑（今陕西华州东），史称郑桓公。桓公子郑武公先后攻灭郐和东虢（guó），建立了郑国，定都新郑（今属河南），郑国一度成为春秋强国。郑于战国时被韩所灭，郑国子孙遂以国名为姓，改姬为郑。

王：商代贤臣箕子和比干本是纣王的叔父，因直言苦谏，遭到纣王残酷迫害。周武王灭商后，箕子、比干的后裔因其先人是商朝王族，于是改姓为王。此外周与战国诸侯国的王族后裔，在秦灭六国之后，四处避难散居，不少家族也纷纷隐姓埋名，改称姓王。

冯：周武王灭商后，其弟毕公姬高受封于冯城，子孙于是以冯为姓。另外春秋时郑国大夫冯简子的封邑也是冯，后代也以冯为姓。

陈：西周初，武王将舜的后代胡公满封于陈（今河南淮阳），胡公满建陈国，子孙后便以陈为姓。

褚（chǔ）：春秋时宋共公的儿子公子段被封于褚，任职褚师，是掌管市场的官员，后代便以褚师为复姓，后又省略为单姓褚。一说公子段食邑封在褚地，因其德可以为人师法，故号褚师，后代于是以之为姓,简略作褚。

卫:周文王第九子分封于康邑,称作康叔。周公旦平定商纣王儿子武庚之乱后,将商遗民七族划归康叔统治,康叔于是建立卫国(在今河南淇县一带)。秦灭卫后,卫国王公贵族后代遂以国名卫为姓。

蒋:周初周公旦第三子姬伯龄被封在蒋邑(今河南固始,一说今河南光山),后被楚国所灭,后代便改姬姓为蒋。

沈:周文王第十子季载因平叛有功被封在沈邑(今河南平舆北),后建沈国。沈国最终被蔡国所灭,子孙遂以沈为姓。

韩:周成王之弟叔虞的后代毕万受封于韩原(今陕西韩城),建立韩国,韩被晋灭后,子孙后代便以韩为姓。又春秋时晋国大夫韩武子后代韩景侯于"三家分晋"之后建立韩国,迫使周威烈王承认为诸侯,建都阳翟(今河南禹州)。韩哀侯灭郑,迁都新郑(今属河南)。韩被秦灭之后,子孙以韩为姓。

杨:周成王三弟叔虞的次子名姬抒,在周康王时被封为杨侯,建国于今山西洪洞东南。杨侯第六代孙杨康随周宣王北征时阵亡,其子尚父继国。东周桓王时杨国被晋武公灭,子孙陆续南迁,并以国名杨为姓。

朱秦尤许,何吕施张。

孔曹严华,金魏陶姜。

【注释】

朱:颛顼玄孙陆终的第五子名安,大禹时赐姓曹。武王灭商后封曹安后裔曹挟于邾(今山东邹城一带),建邾国。至战国时邾被楚灭,王公贵族以国名去偏旁改姓朱。其偏旁右"阝",古代同"邑",意思是邾国已失其地,国已不国。

秦：古代嬴姓祖先伯益后代嬴非子替周孝王牧马有功，受封于秦，后代遂以为姓。此外周公之子伯禽裔孙封邑在秦，子孙以封邑为姓。所以秦氏祖先或源出嬴姓，或源出姬姓。

尤：五代时，王审之在福建称闽王，闽国沈姓人为避闽王名字中"审"字的音讳（"沈"与"审"音同），去掉水字旁，改余下的右半边为"尤"字作姓。

许：周武王灭商后，将不肯食周粟而逃亡的贤士伯夷后人文叔封于许国，世称许文叔。封国旧址在今河南许昌，后虽多次迁徙，但均在今河南界内。战国初许为楚灭，子孙始以许为姓。一说许姓的祖先是尧时的隐士许由。传说尧想将君位让给他，后又想请他做九州长官，他均辞而不受，隐居在箕山、颍水畔。

何：战国时韩国被秦所灭后，子孙流离分散。其中逃至江淮一带的便以韩为姓，当地发音"韩"与"何"相近，于是被变称为何。

吕：传说上古炎帝因出生并居住于姜水流域，所以姓姜，姜姓族人有四支胞族即"四岳"，其中一支在夏时被封为吕侯，建吕国（今河南南阳）。春秋时吕国被楚所灭，子孙后代以国为姓，称吕氏。

施：施氏原系殷商七族之一，其余还有陶氏、樊氏等。周公旦平定武庚之乱，殷商七族都被划归文王之子康叔管辖，施氏家族主要负责制造旗帜。

张：相传黄帝的孙子姬挥夜观天象，见弧矢九星如弓状排列正对天狼星，于是受到启发而发明制造出了弓箭，被黄帝封官做弓正。这当然是神话传说，不过制作弓箭的弓匠都以姬挥为祖师爷。弓正也称作弓长，后代将弓长二字合一为姓，遂有了张姓。汉代道教盛行，领袖张角、张宝等都称道教源于黄帝，而张姓亦为黄帝所赐，于是张姓人数渐多。

孔：商族始祖为契，子姓。后十四代孙成汤灭夏建立商朝，被商民尊奉为开国英主。商汤字天乙，所以他的一支后裔便用汤的本姓"子"，再加上他字里的"乙"，合成一个孔字为姓。又纣王庶兄微子启被周封于商丘，国号宋，史称宋微子。宋微子后代中有名叫孔父嘉者，他的子孙因祸逃到鲁国，改姓孔，这个家族中后来诞生了孔子。

曹：周武王灭商后封弟弟叔振铎于曹（今山东曹县），世称曹叔振铎。曹被宋灭，其国人遂以曹为姓。

严：严姓本源为庄氏，是春秋楚王侣的后裔。楚王侣死后谥号楚庄王，其支庶子孙便有以庄为姓者。东汉明帝名刘庄，庄氏为避明帝讳，便以同义词"严"代替庄做了姓氏。

华（huà）：春秋时宋戴公之子考父封邑于华（今陕西华阴），后代遂以封邑地名为姓。

金：黄帝儿子少昊（hào）为金天氏，所以他的一支子孙便以其中的金字为姓。一说汉武帝时，匈奴王太子日磾（mì dī）曾事武帝，武帝将其装扮成金色人身参与祭天大典，并赐姓金，所以金氏为少数民族后裔。

魏：周文王后裔毕万在晋国为大夫，毕万后代魏斯与韩、赵三家分晋后各自建国，魏斯建立魏国，都安邑（今山西夏县），史称魏文侯。魏文侯任用李悝（kuī）变法改革，成为战国七雄之一。魏被秦灭后，后代便以魏为姓氏。又战国时秦国穰侯魏冉本是楚王后裔，芈（mǐ）姓，后改芈姓为魏，子孙亦沿袭魏姓。

陶：武王弟康叔统治的殷商七族中有陶氏，负责陶器制作，子孙也以陶为姓。一说尧任君主前居住于唐，后又居住于陶，称陶唐氏。尧的后裔子孙中的一支遂以陶为姓。

姜：炎帝（一说即神农氏）出生并居住在姜水，故以姜为姓。在历史发展中，由于种种原因，炎帝后代子孙许多支已改变为别的姓氏。周代齐国的开国始祖吕尚就是炎帝的后裔，姓姜名望字子牙,因功封于吕地,遂改姓吕。到春秋时,姜子牙之后齐桓公已成为五霸第一霸主。齐在战国时被田和所灭,其子孙后代分居各地,许多族裔又改回姜姓。

戚谢邹喻,柏水窦章。
云苏潘葛,奚范彭郎。

【注释】

戚:春秋时卫国大夫孙林父受封至戚邑,遂以封邑为姓。

谢:周宣王封其舅父申伯于谢国(今河南唐河),后代遂以谢为姓。

邹:周武王灭商后封颛顼后裔曹挟于邾国,邾国被灭后其后代改姓为朱。邾国被楚灭前一度为鲁国的附属国,鲁穆公时曾将其国号改为邹,故其后代在国亡后,一部分改姓了朱,另一部分则改姓了邹。

喻(yù):西汉苍梧太守谕猛的后代在东晋时改姓为喻,其子孙遂沿袭改谕作喻姓。

柏:春秋时有一小国柏国(在今河南西平),后被楚国所灭,子孙后以国为姓。又传说上古炎帝有师名招,帝喾(kù)有师名同,他们居住在柏地,后代便都以柏为姓。

水:因大禹治水之故,其后代子孙很多人做了水官,负责掌管治理江河湖泊,渐渐地便以水作为了姓氏。另上古居民住在江河湖泽之畔者,也多有以水为姓的。

窦(dòu):夏朝第五代君主名相,相失国被杀,其妃当时已怀有身孕,慌乱中从窦(墙洞)中逃出,生下了遗腹子少康。后少康中兴,成为夏的第六代君王。少康儿子杼、龙为纪念祖母逃难之举,遂以窦为己姓,后代子孙也都姓了窦。

章:齐太公姜尚(姜子牙)的一支子孙被封于鄣(今山东章丘),春秋

　　时被齐所灭，后代于是去掉右边偏旁"阝（邑）"改姓为章。

云：传说颛顼后裔祝融在帝喾时担任火正，居住于妘（yún），以妘为
　　姓。其后代一支南迁成为周代诸侯国邧（yún）国，亦称郧（yún，
　　今湖北郧阳）。邧于春秋时被楚国所灭，其后代便以国名作姓，
　　并去偏旁改字为云。

苏：周武王时颛顼后裔忿生任职司寇，掌管刑狱、纠察，因功封国于
　　苏，史称苏忿生。春秋时苏国被狄人灭掉，其子孙便以国名苏
　　为姓。

潘：周文王后代姬高被封在毕国（今陕西咸阳西北），人称毕公高。
　　毕公高之子季孙被封在潘（今陕北一带），季孙之后遂以封地潘
　　为姓。又春秋时楚成王世子商臣的太师为潘崇氏，潘崇氏后代
　　便改姓作了潘。

葛：夏代有一诸侯国名葛（故址在今河南长葛），葛国国君封为伯
　　爵，所以史称葛伯。葛伯后人于是以葛为姓。

奚（xī）：黄帝后裔姬仲在夏朝时任职车正，掌管车马，其封地（供其
　　赋税之地，即食邑）在奚，故被称为奚仲。奚仲后代取其名字中
　　的奚代姬，便有了奚姓。

范：帝尧后裔杜伯被周宣王所杀，其子出逃到晋国任士师。晋国后
　　封杜伯曾孙士会食邑于范（今河南范县），人称范武子，后代于
　　是以封邑范作为了姓氏。

彭：颛顼裔孙陆终的第三子篯铿（jiān kēng），即钱氏先祖，因居于彭
　　地，故世称彭祖，彭祖号称长寿，活了八百岁。商代有诸侯国大
　　彭（故地在今江苏徐州），大彭的开国君主据说就是传说人物彭
　　祖，大彭国亡后子孙便以彭为姓。所以钱姓与彭姓均奉彭祖为
　　其先祖。

郎：春秋时鲁懿公孙子费伯修筑了郎城（故址在今山东曲阜）居住
　　在那里，后代子孙遂以郎为姓。又历史上南匈奴也有郎氏。

鲁韦昌马，苗凤花方。
俞任袁柳，酆鲍史唐。

【注释】

鲁：周公旦的封国为鲁（今山东西南部），但他一直留在镐京（今陕西西安）辅佐成王，让其子伯禽就封曲阜（鲁国都城）。后代子孙遂以鲁为姓。

韦：夏朝少康帝中兴复国后，封其孙元哲于豕韦（今河南滑县南），元哲到了封地后只选留了一个"韦"字建韦国。韦国后被商汤所灭，王族遂以韦为姓。又秦汉时韩信后人避祸曾藏身南粤（今两广一带），仅以姓氏的半边韦字作姓，故今广西壮族多韦姓。

昌：传说黄帝之子名昌意，娶蜀山氏之女昌仆生儿子颛顼，这个家族的一支便以昌字作姓氏。

马：伯益后代赵奢是战国时代赵国的名将，因战功被封于马服（今河北邯郸），世称马服君，后代于是以马服为姓，并简化成马。

苗：春秋时楚国发生若敖之乱，楚大夫伯棼（fēn）被杀，其子贲（bēn）皇逃到晋国，被封于苗邑（今河南济源），子孙便以苗为姓。

凤：相传帝喾高辛氏时，凤鸟氏担任历正，掌管历法节令，后代子孙便以先祖氏中的凤字为姓。又唐代南诏国王族中有阁罗凤一支，阁罗凤的后代便以其中最后一个字作为姓氏。

花：古代本无花字，花草之"花"通"华"字，所以花姓、华姓同源。唐朝开始，花与华字意渐渐有所区别，所以花姓也随之由华姓分支出来。华（huà）姓源自春秋时宋戴公子考父，考父食邑于华地，子孙后便以华为姓。

方：周宣王大臣姬方叔是黄帝后裔方雷氏的后代，他奉命南征叛乱的荆人有功，宣王便赐其子孙取其名字中的方为姓。

俞：黄帝时主管医药的俞跗（fū）是医术高超的神医，据说《素问》就是经他注释推广的，故后代以其名中俞字为姓。

任（rén）：黄帝少子禺阳封在任邑，其后代遂以任为姓。

袁：周朝时陈国开国君主胡公妫（guī）满为舜的后代，其十一世孙妫诸，字伯爰（yuán）。伯爰后代遂取爰字为姓，因"爰"与"袁"通，故又称姓袁。则爰、袁同出自妫姓。

柳：春秋时鲁孝公之子姬展的孙子无骇，以祖父名字展为姓，生有展禽。展禽任鲁国负责刑狱的士师（司寇的属官），不但执法严明，而且品行端方，死后谥号惠。因其食邑封于柳下（今河南濮阳柳下村），其后代遂取其封邑中的柳字为姓。

酆（fēng）：周文王的小儿子姬封被封国于酆，人称酆侯，其后遂以酆为姓。

鲍（bào）：夏禹后代敬叔，春秋时任齐国大夫，齐侯将鲍邑（今山东历城东）封给了他，世称鲍敬叔。其子叔牙以敬叔封地为姓，名叫鲍叔牙，后成为了齐桓公的贤臣，鲍姓由此而始。

史：西周著名史官太史佚（yì）与周公、召公、姜太公齐名，世称四圣，传说太史佚的先祖就是黄帝时发明文字的史官苍颉（jié）。后代以他们的功绩为荣，于是取史官的史字为姓。

唐：出自尧之后。尧为陶唐氏部落首领，封于唐（今山西翼城），后来舜封尧的儿子丹朱为唐侯，建唐国。至周时，唐国被成王灭掉，其子孙遂以国名为姓。

费廉岑薛，雷贺倪汤。

滕殷罗毕，郝邬安常。

【注释】

费：伯益协助大禹治水有功，受封于大费，其后人于是以费为姓。

又春秋时鲁懿公后裔被封于费,后代子孙便以费作为姓氏。

廉:颛顼的孙子名大廉,子孙便以其名字中的廉作为姓氏。

岑(cén):周武王封自己的堂弟姬渠在岑邑,为子爵,人称岑子。岑子建岑国,子孙后代便以岑为姓。

薛:夏禹封黄帝后裔奚仲于薛地(今山东滕州),其后有薛国。薛国曾迁徙至邳(今山东微山西北),再迁至下邳(今江苏邳州西南),成为齐国属地。战国时薛被楚兼并,公子登仕楚,封官大夫,登命子孙改姬姓为薛姓。

雷:上古有部落方雷氏,其后代分为方姓或雷姓,据说黄帝妃中便有方雷氏之女。

贺:齐桓公后代有公子封,封父名庆克,于是他便以父名中的庆字为姓。传至东汉安帝时,因汉安帝父名刘庆,为避庆字讳,安帝的侍臣庆纯便以同义词"贺"代庆作姓,从此便有了贺姓。

倪(ní):周武王封曹挟于邾建邾国。邾武公封其次子肥于郳(ní),建附庸小国郳国。战国时,郳国被楚所灭,后代便以郳为姓,为避仇杀又去偏旁改作兒(ní),后又加人字旁作倪姓。

汤:商王朝建立者成汤,甲骨文中称唐、大乙,史书亦作商汤,后代以汤为荣,遂用汤为姓。

滕(téng):周武王灭商后,封其十四弟错叔秀于滕(今山东滕州西南),建滕国。战国初期先被越国所灭,复国后又被宋灭,子孙遂以国名为姓。

殷:成汤第九代孙商王盘庚自奄(今山东曲阜)迁都至殷(今河南安阳小屯村),所以商亦称作商殷、殷商,商亡国后,子孙后代便以殷为姓。

罗:黄帝后裔祝融的后代于春秋时建罗国,后被楚所灭,子孙遂以国名为姓。

毕:周文王第十五子姬高受封于毕(今陕西咸阳西北),世称毕公高,后代遂改姓为毕。

郝(hǎo):殷商时商王帝乙封子期于郝乡(今山西太原),子期后代便以郝为姓。

邬(wū):黄帝时求言为邬邑部族首领,后代遂以邬为姓。又春秋时晋国大夫祁臧封邑于邬(今山西介休),子孙后来以邬为姓。

安:黄帝孙子名安,据说后居西戎,以名字立国称安息,后代于是以安为姓。实际上安息国应为少数民族所建,东汉灵帝时西域安息国太子安清来到京城洛阳传习佛事,后定居洛阳,以安为汉姓。又北魏时有安迟氏族随孝文帝南迁洛阳,亦改单姓作安氏。除安息国外,西域尚有安国,唐时归附中原,亦以国名效汉姓作安。而柳城(今辽宁朝阳)胡人安禄山本姓为康,后改为安姓,子孙亦随之姓安。

常:黄帝时司空名常先,后代便以常为姓。一说周文王儿子康叔分封其子于常邑,这支后代最终以常为姓。又春秋时楚国公族恒惠公的后人以恒为姓,北宋时为避宋真宗赵恒名讳,恒氏便改姓为常,因"常"与"恒"义同。

乐于时傅,皮卞齐康。
伍余元卜,顾孟平黄。

【注释】

乐(yuè):春秋时宋国国君宋戴公儿子名衎(kàn),字乐父。乐父孙子夷父须取祖父字中的乐为姓,世遂有乐姓。

于:周武王第三子受封在邘(yú)国,人称邘叔。子孙后以国名为姓,并去偏旁简化作于。

时:春秋时宋国公子来,受封在时邑,子孙以封邑为姓,遂有时氏。

傅(fù):商王武丁派人四出访贤,在傅岩(今山西平陆)发现了筑墙

的奴隶说（yuè），便推举为相，世称傅说，其子孙后代便以傅为
姓。又黄帝后裔大由，周朝时封邑于傅，因以封地名为姓。

皮：周公后裔仲山甫因辅佐周宣王有功，被封在樊国，称樊侯。樊
侯后人有一支又封在皮氏邑，遂改以皮为姓。

卞（biàn）：周初武王封其弟叔振铎于曹，人称曹叔振铎。曹叔振铎
的后人中出了个勇士名庄，受封在卞邑，称为卞庄子，其子孙遂
以封邑卞为姓氏。

齐：周初太公望姜子牙封于齐，建齐国，都营丘（今山东淄博东北）。
到齐桓公时用管仲为相，国力强盛，成为"春秋五霸"之一。齐
康公时，齐国君权被田氏取代，史称田齐。齐康公的后代遂改
原姜姓为齐姓。

康：周初武王七弟姬封被封于康邑（今河南禹州西北），故称康叔。
周公灭武庚后，把殷民七族和商故都周围土地都封给了康叔，
建国称卫，都朝歌（今河南淇县），成为当时大国。后国势渐衰，
先后沦为齐、魏的附庸国，最终被秦所灭。后代为缅怀康叔，遂
以康为姓氏。

伍：春秋时楚庄王有大夫姓芈（mǐ），名伍参，后代以其名字中的伍
字为姓，遂有伍氏。

余：春秋时有晋人叫由余的入秦为相，子孙以为荣耀，遂取余字为
家族姓氏。

元：商朝有一太史名叫元铣（xiǎn），他的子孙后来就以元为姓。又
春秋时卫国大夫咺（xuān），食邑在元，其后人便以元为姓。

卜（bǔ）：上古有占卜之官，其后代遂以卜字为姓。

顾：夏朝有附庸小国名顾，在今河南范县东南一带，后被商汤所灭，
国人改姓为顾。

孟：古代兄弟排行居长者称孟或伯，以下依次是仲、叔、季。春秋
时鲁桓公次子仲庆父趁其同父异母弟鲁庄公去世，先后作乱杀

死即位的子般和鲁闵公,引起鲁国人公愤,被迫出逃,后自缢而死。其家族后代仲孙氏以仲为耻,改仲孙氏为孟孙氏,继又改孟孙为单姓孟。又春秋时卫襄公之子,字孟公,子孙后以孟为姓。

平:战国时韩哀侯少子婼(chuò)被封于平邑(今山西临汾),韩亡国后婼的后代南迁下邑(今安徽砀山),以平为姓。

黄:颛顼帝后裔有封于黄者建黄国(今河南潢川一带),后被楚灭,子孙散居四方,以黄为姓。

和穆萧尹,姚邵湛汪。
祁毛禹狄,米贝明臧。

【注释】

和:传说尧、舜时掌管天地四时之官有羲氏、和氏,后羲与和合称成为官名,又太阳的驾者、太阳的母亲均名羲和,和姓后代以之为荣,遂以上述神话传说的人物为其远祖。一说楚国发现"和氏璧"玉璞(pú)的卞和后代,取其祖先名字中的和字为姓,始有和姓。

穆:春秋时宋宣公弟弟和继承兄位,在位九年,临终前力排众议将君位让给宣公之子兴夷,即宋殇公,而将自己儿子公子冯送去郑国居住。为褒扬其品德,死后谥号穆,子孙后代遂有以穆为姓者。

萧:宋国开国君主微子启后裔乐叔大心平息叛乱有功,封于萧邑,建附庸于宋的小国萧(今安徽萧县),后被楚灭,后代遂以萧为姓。

尹(yǐn):古代东夷族首领少昊(hào)儿子殷被封于尹地(今河南新安一带),后代遂以尹为姓。又尹在古代为辅弼之官,春秋时楚国长官多称作尹,后代便以祖上的官名为姓氏。

姚：传说舜的母亲握登生舜于姚墟,舜的后代便有以姚为姓者。

邵（shào）：春秋时邵与召（shào）为同一个氏族,都是召公奭（shì）的后代。召公姓姬名奭,为周的支族,曾助武王灭商,后又与周公一起辅佐成王,为西周四圣之一,封邑于召（今陕西岐山西南）,故称召公或召伯,后代遂以召为姓。召姓后人又有加邑（右"阝"）旁表示封邑之意,于是又有了邵姓。

湛（zhàn）：夏朝时有一氏族建斟灌国,后因战乱亡国,国人为避祸,相约分取国名两字中的各一半"甚"和"水"组成湛字为姓。

汪：春秋时鲁桓公庶子名满,食邑封在汪地（在今山东境内）,后代遂以封邑汪为姓。一说汪姓来源于汪芒氏,夏禹时有防风氏因罪被禹诛杀,后代以为耻,于是改防风为汪芒,在商代时建汪芒国（在今浙江武康东）,后代以国名中的汪为姓。

祁（qí）：春秋时晋献侯四世孙名奚,官为大夫,封食邑于祁（今山西祁县）,后代遂以祁为姓。

毛：周文王之子伯聃（dān）被封在毛邑（今河南宜阳）,后代遂以邑名为姓。又周文王庶子叔郑封于毛国（今陕西岐山一带）,史称毛公,后代于是以国名为姓。

禹（yǔ）：春秋列国中有一小国名郚（yǔ）,在今山东临沂一带,郚国后人去"邑"旁改姓为禹。一说夏禹后人为纪念先祖,遂以禹为姓。

狄（dí）：周康王姬钊推行其父周成王政策,周国力益盛,两王并称"成康之治"。康王封其弟孝伯于狄城,后代遂以狄为姓。一说孝伯为周成王舅父,封食邑于狄。

米：西域少数民族"昭武九姓"之一。原居住在昭武（今甘肃界内）,后为匈奴所败,迁居至中亚地区,建立米国（故址在今乌兹别克斯坦境内）。隋唐时,米国有一支系来到中原地区,遂按照汉俗以米为姓。

贝（bèi）：西周召公后代的一支被封在沛（pèi）水畔的沛丘（今山东淄博北），后代子孙去沛字的水旁为贝字，作姓氏。

明：春秋时晋国灭虞国后俘获了虞大夫百里奚，作为陪嫁之臣送入秦国，百里奚与蹇（jiǎn）叔等共同帮助秦穆公建立霸业。百里奚之子名视，字孟明，为秦国大将，曾率军大胜过晋国，后代子孙遂以孟明视字中的明字为姓。一说：传说中燧人氏有大臣叫明由，明姓由此而始。

臧（zāng）：春秋时鲁孝公之子名彄（kōu），被封在臧邑（今山东界内），子孙遂以臧为姓。又鲁惠公之子名欣，字子臧，其家族一支便以先祖字中的臧字为姓。

计伏成戴，谈宋茅庞。
熊纪舒屈，项祝董梁。

【注释】

计：周文王封少昊后裔兹舆期于莒（jǔ）国，最早建都计斤（今山东胶州西南），春秋时迁都于莒（今山东莒县），后被楚国所灭，后代的一支遂以国都计斤中的计字为姓。

伏：南北朝时，北魏骠骑将军侯植跟随魏孝武帝西迁，甚得宠幸。至西魏文帝时，他又随宇文泰（北周代魏后，被尊为北周太祖文皇帝）破沙苑，战河桥，屡建功勋，进封大都督并赐改姓侯伏侯氏，继又因功赐姓贺屯氏。后裔子孙中一支遂取赐姓中的一个伏字为姓。又伏羲氏后裔中亦有以伏为姓者。

成：武王灭商后，封自己一个弟弟姬叔武于郕（chéng，今山东宁阳东北），建郕国，也称盛（chéng）或成国。后代子孙遂以成为姓。

戴：周公平定武庚反叛后，把商殷旧都周围地区分封给商纣王的庶兄微子启，建立宋国。春秋时，宋国第十一位君主宋戴公死后，其庶支子孙遂以其谥号戴为姓。又西周时有小国名戴，姬姓，故址在今河南民权东，春秋时被宋国所灭，戴国后代遂以国名为姓。

谈：宋国殷商后裔传至三十多代后有封邑于谈的，人称谈君，后代于是以谈为姓。又周朝有大夫名谈，其子孙遂以谈作姓氏。

宋：战国时宋国被齐所灭，王公贵族遂相约改宋为姓氏。

茅：周公旦第三子姬叔受封于茅（今山东金乡西南），世称茅叔，后代于是以茅为姓。

庞：周文王之子毕公高后裔中，有庶支封于庞乡，遂以庞为姓。

熊：黄帝为姬姓，号轩辕氏，又号有熊氏，后裔中遂有以熊为姓者。又西周时芈（mǐ）姓氏族领袖鬻熊于荆山一带建立楚国，都丹阳（今湖北秭归东南），传至熊渠做国君时，疆土不断扩大。后楚国迁都至郢（今湖北江陵西北），到了楚庄王时更成为"春秋五霸"之一。楚国王族后裔遂有以先祖名字中的熊字为姓者。

纪：相传炎帝后裔于周初建有纪国，故地在今山东寿光东南，春秋时被齐国灭掉，后代以国名纪为姓。

舒：周朝建立后封皋陶后代于舒（今安徽庐江）建国，春秋时被徐国所灭。后又复国，国名舒鸠，后又被楚所灭，子孙便以舒为姓。

屈：春秋时楚武王儿子瑕（xiá）受封于屈邑，后代遂以屈为姓。又南北朝时，北魏有屈突氏，魏孝文帝迁都洛阳后进一步改革，鼓励鲜卑族与汉族通婚，改鲜卑姓氏为汉姓，屈突氏遂改为屈姓。

项：春秋时楚国公子燕被封于项（今河南项城），建项国，后被齐灭（一说被鲁所灭），后代子孙遂以项为姓。因项国源出于楚，故秦末项羽便自号西楚霸王。

祝：西周初周武王分封先代遗民，黄帝后裔中有一支被封在祝（今山东长清东北），子孙遂姓祝。又古代有官称太祝，在《周礼》中为春官的属官，掌管祭祀祈祷，其后代遂以先祖官职祝为姓。

董：周代大夫辛有之子被派往晋国做太史，掌管监督祭祀、策命、编写史书等大事，地位很高。监督之责在《尚书》中称作董，故其后代以董为姓，并世袭太史之职。春秋时著名史官晋国良史董狐即出此氏族。又传说帝舜时有名叫董父的人善于养龙，其后代以先祖为荣，遂取其名字中的董字为姓。

梁：伯益后裔非子为周孝王养马有功，封于秦，为秦开国始祖。传到秦仲时，周宣王命为大夫，令其讨伐犬戎，秦仲战死，其长子又把犬戎打败，受封西垂大夫。其次子康则被封于夏阳梁山（今陕西韩城南），建梁国，春秋时梁被秦灭，后代遂以梁为姓。梁国另有部分子孙逃到晋国，居住在晋国的解梁（今山西临晋西南）、高梁（今山西临汾东）、曲梁（今河北永平）等地，这些地方后被晋惠公割让给了秦国，梁的遗民亦都相约改姓梁氏。

杜阮蓝闵，席季麻强。
贾路娄危，江童颜郭。

【注释】

杜：帝尧后裔原封于唐，建唐国（今山西翼城西），西周时被成王灭，成为周成王弟叔虞的封地。原居住于此的帝尧后代被迁居至杜邑（今陕西西安东南），建杜国，春秋初年被秦宁公所灭，后代子孙遂以杜为姓。

阮（ruǎn）：商代时有诸侯小国阮国，旧地在今陕西岐山东北至渭河之间，后被周武王灭掉，子孙于是以国名为姓。

蓝：楚国公子亹（wěi）受封于蓝，人称蓝尹，后代于是以蓝为姓。又春秋时秦王族一支被封于蓝邑（故地据说即今陕西蓝田一带），后代遂以蓝为姓。

闵（mǐn）：春秋时鲁国庆父作乱，先是杀死了庄公之子般，立庄公另子开即位。接着他又杀了国君开,打算代之为君,引发众怒,逃亡后自杀。鲁国亡君开谥号为闵,即鲁闵公,后代子孙遂以闵为姓。

席:春秋时晋国大夫籍谈的先人因为世代掌管典籍,所以便以籍做了姓氏。秦末西楚霸王项羽势力益强,项羽名籍字羽,当时籍氏为避项羽名讳,遂改籍姓为语音相近的席姓。

季:春秋时鲁桓公的小儿子名友,按伯、仲、叔、季排行称作季友。季友在平定庆父之乱时立了大功,以后几代均在鲁国掌权,后代以此为荣,遂以季为姓。

麻:春秋时楚国有位大夫食邑于麻;齐国则有一位大夫叫麻婴,他们两位的后代据说都以麻为姓。

强:春秋时齐国有大夫公孙彊,"彊"与"强"通,故其后代遂有强姓。

贾:西周时周康王把唐叔虞的小儿子公明封于贾,人称贾伯。后来小国贾被晋所灭,贾伯后代遂以贾为姓。

路:相传高辛氏帝喾的第四个妻子常仪生下了挚,挚的儿子玄元在尧时被封在中路,传到夏时始建路国,子孙后代遂以国名"路"为姓。一说路是河水名,即路水,故道在今河北涿州一带,后来在路水畔居住的人便以河名"路"为姓。

娄(lóu):周武王灭商后封少康后裔东楼公于杞地,建杞国。春秋时杞国被楚所灭,东楼公子孙又被迁至娄邑,后代遂以娄为姓。又颛顼后裔挟所建邾娄国于战国时被楚所灭,其国人或以邾为姓,或以娄为姓。

危:据说帝舜时,尧的不肖子丹朱荒淫狂傲,因不满尧禅位于舜,联合诸多部落作乱反舜。居住于今洞庭湖至鄱阳湖一带的三苗族因参与了丹朱与舜争夺帝位的叛乱,被舜迁往三危(今甘肃敦煌南),三苗后裔遂以危为姓。

江:伯益后人嬴姓的一支被封于江(今河南正阳西南),建江国,春秋时被楚所灭，后代遂以江为姓。另一支封在江陵（今属湖北），亦以江为姓。

童：据说颛顼之子中有名字为老童者，声音高亢洪亮，深得颛顼喜爱，老童子孙后代遂以童为姓。又春秋时晋国大夫胥童后人以其名字中的童字为姓。

颜：颛顼帝后裔在周武王时建邾国，邾国传至邾武公，因其字伯颜，世人于是称武公为颜公，颜公后代遂有以颜为姓者。

郭：周文王封其弟虢（guó）仲于东虢，另一个弟弟虢叔于西虢。东虢在今河南荥阳东北，春秋时为郑所灭。西虢在今陕西宝鸡东，也称作城虢、小虢，西周灭亡后其支族仍留原地，后被秦所灭。周王室另有姬姓旁支建北虢，在今河南三门峡西和山西平陆一带，后被晋所灭。东虢、西虢、北虢三国相继被灭后，后代均以国名为姓，因虢与郭音同，故都改姓郭。

梅盛林刁，钟徐邱骆。
高夏蔡田，樊胡凌霍。

【注释】

梅：商王太丁封其弟于梅（今安徽亳州东南），建梅国，世称梅伯。到商纣王时，梅伯被杀，梅国封号被废。武王灭商后，封梅伯后人于黄梅（今属湖北），后代子孙遂以梅为姓。

盛：周穆王时封其同宗建盛国，春秋时盛国被齐所灭，后代遂改姬姓为盛姓。

林：商纣王暴虐无道，将屡次劝谏自己的叔父少师比干剖心杀死，比干妻逃到了长林，生下遗腹子名坚。武王灭商后拜坚为大夫，因其生长于长林，故赐姓林。又周平王庶子名林开，后代遂以其名中的林字为姓。

刁：周文王时有雕国，其后代遂以国为姓，并以同音字"刁"代替。又古代工匠中有雕人，是专门刻玉的工匠，他们的后代遂以雕为姓，改字作刁。又春秋时齐国大夫竖刁，曾与管仲共同辅佐齐桓公成就霸业，后代于是以其名字中的刁字为姓。

钟：春秋时宋桓公曾孙伯宗在晋国做官，因忠直敢言被杀。伯宗儿子州犁出逃到了楚国，官至太宰，食邑封于钟离（今安徽凤阳东北），子孙后代遂以钟离为姓。秦末，钟离氏有大将钟离昧追随项羽起兵反秦，项羽败亡后钟离昧被刘邦追逼，被迫自刎而死。其子钟离接避难于长社（今河南长葛西），改复姓钟离为钟，史称钟接，世遂有钟姓。

徐：皋陶后代伯益佐禹治水有功，被赐嬴姓。到夏朝时伯益之子若木被封于徐（今安徽泗县北），后建徐国，历夏、商、周三代，一直活跃在江淮之间，史称徐戎、徐夷或徐方。春秋时徐国被吴所灭，子孙遂以国名为姓。

邱：太公望姜子牙辅佐武王灭商有功，封于齐，建齐国，都营丘（今山东淄博东北），子孙遂有以丘为姓者。因孔子名丘，所以后世为避孔子名讳，将丘加邑旁儿改为姓邱。

骆：伯益后代非子因善养马，被周孝王封于秦，赐姓嬴。非子父亲名大骆，大骆的长子成世居大邱，以父亲之名建大骆国，西周厉王时被西戎所灭，后代遂以骆为姓。又姜太公后裔子孙中有公子骆，骆的后代遂以其祖之名为姓。

高：姜太公裔孙齐文公吕赤的一个儿子食邑于高（今河南禹州），人称公子高。公子高有孙名傒，以祖父封邑为姓，世称高傒，后代遂有高姓。又齐惠公之子吕祁，字子高，其后代一支子孙中取高代吕为姓。

夏：春秋时陈宣公有子名少西，字子夏，后代子孙中有叫征舒的，取先祖之字为姓，称夏征舒，陈国的夏姓由此始。又周武王灭商后封夏禹的后裔东楼公于杞，建杞国。夏禹后裔中未得到封地的，后来便以先祖的国名夏为姓氏。

蔡：周武王灭商后把弟弟叔度分封到蔡（今河南上蔡西南）建国，叔度后因随同武庚叛乱被周公旦放逐，改封叔度儿子姬胡于此，世称蔡仲。春秋时蔡国不断受到楚国侵扰威逼，被迫多次迁徙，蔡平侯迁新蔡（今属河南），蔡昭侯再迁州来（今安徽凤台），称下蔡，战国时蔡被楚灭，子孙遂以国名为姓。

田：周武王灭商后，封舜的后代胡公建陈国，都宛丘（今河南淮阳）。胡公姓妫（guī）名满，传至十三代君陈厉公，生子名完字敬仲。至陈宣公时，欲立庶子款继承君位，杀太子御寇。敬仲与太子关系密切，害怕祸及自身，出逃齐国，齐桓公封其食邑于田，遂以田为姓。敬仲后人田和后来推翻姜姓齐国而代之，史称田氏代齐，田姓齐国至齐威王时成为"战国七雄"之一。

樊（fán）：周文王子虞仲的后代有位仲山甫任周宣王卿士，食邑封于樊邑，后代以樊为姓。又殷商遗民七族中，樊为其中一族，其后代遂以樊为姓氏。

胡：陈国开国君主胡公满，为舜的后裔，春秋末年陈被楚灭，国人中遂有以胡为姓氏者。

凌：周文王儿子康叔是卫国的开国之君，康叔庶子中有在周任凌人官职的，凌人是负责采贮冰块管理冰窖的官员，子孙中遂有以祖上官名凌字为姓者。

霍：周文王第六子名处，封于霍国（今山西霍州），人称霍叔。霍叔与武王弟管叔、蔡叔同为周初三监，因不服周公旦摄政，勾结商纣王子武庚反叛，结果被周公打败。武庚、管叔被杀（一说管叔自杀），蔡叔被放逐，霍叔则降为庶人，霍叔后代遂以国名霍为姓。

虞万支柯，昝管卢莫。

经房裘缪，干解应宗。

【注释】

虞（yú）：周文王的祖父古公亶（dǎn）父被周尊奉为太王，周太王之
子虞仲的后代在文王时建立了虞国（今山西平陆北），春秋时晋国
以借道攻虢为由趁机灭掉了虞国，虞国后人遂以原国名虞为姓。

万：西周时芮伯受封于芮（今山西芮城），后代中有名万者，人称芮
伯万，芮伯万的子孙中遂有以万为姓者。又春秋时晋献公灭掉
西周分封的姬姓诸侯国魏国（也在今山西芮城北一带）后，把
它封给了晋国大夫毕万，毕万后代遂有以万为姓氏的。

支：古代西域有少数民族所建的月氏（ròu zhī）国，也称月支，其族最
早居住在今甘肃敦煌与青海祁连县之间。汉文帝时月支国被
匈奴攻破，一部分迁徙至今伊犁河上游，称大月支；余下的进入
祁连山区，称小月支。魏晋南北朝时，大、小月支有与汉民族交
往并留居中原者，学习汉俗以支作姓，此后遂有支姓。

柯：春秋时吴王有子名柯卢，子孙后来以柯为姓。

昝（zǎn）：原本出自咎（jiù）姓。晋文公重耳身边有五名贤士辅佐，
其中一名是他的舅父狐偃，狐偃字子犯，史称狐偃咎犯，因"咎"
与舅音同，借以代舅意，狐偃的后代中遂有以咎为姓者。然咎
字还有灾祸之意，咎姓后人认为不够吉利，于是在这个字下面
的口中加上了一横，成为昝字，读音zǎn，之后遂有昝姓。

管：武王灭商后，将自己的弟弟鲜封于管（今河南郑州），人称管叔。
管叔与蔡叔、霍叔并为周初三监，以监管殷商遗族，后因参与武
庚叛乱，被周公杀死（一说自杀），管叔后人遂改姬姓为管姓。

卢：齐文公姜赤之子公子高有孙名姜傒，任齐国正卿，封邑于卢（今
山东长清西南），姜傒后代遂以邑名为姓。又齐桓公小白后裔

有一支封于卢蒲（在今河北文安西），战国时被燕兼并，子孙遂改姓卢蒲，后又改为单姓卢。故卢姓均为姜太公后裔。另传帝舜后代中一支在夏商时居于卢地（今湖北南漳至襄阳之间），与当地少数民族杂处融合，史称卢戎。周初因其系帝舜后裔故被封为诸侯国，春秋时卢国被楚所灭，子孙后代遂以卢为姓。

莫：颛顼曾建造鄚（mò）城，其部族居此城的便以城名"鄚"为姓，后又去邑旁改姓莫。又春秋时楚国有官职称莫敖，地位仅次于令尹，楚庄王大夫屈荡之子屈到就担任过莫敖。因莫敖地位较高，只有王公贵族子弟方可担任，所以担任过莫敖的后代子孙中便有以祖上官职为姓者，再后又演变成单姓莫。

经：春秋时郑武公之子共叔段曾封于京（今河南荥阳东南），世称京城太叔，后出奔到共国，其后代遂有以京为姓者，为避仇杀又改京为经。一说西汉《易经》京氏学创始人京房，本姓李氏，自己推律定为京姓。汉元帝时京房为博士，任魏郡太守，后因与中书令石显争权被下狱处死，其后代为避祸改姓经。另说春秋时魏国有经侯，后代遂以经为姓。

房：尧有儿子名朱，封在丹水，世称丹朱，因其荒淫无能，所以尧禅位于舜。丹朱不服而反舜，被舜击败后改封到房（今河南遂平）建国，世称房侯。房侯之子陵以封国为姓，称房陵，后遂有房姓。

裘（qiú）：春秋时卫国有大夫封邑于裘，后代遂以裘为姓。又古代制皮工匠中按技能分为五种，裘是其中之一，裘人的后代于是便有以裘为姓者。也有说是由仇（qiú）姓所改的。

缪（miào）："春秋五霸"之一秦国国君任好，死后谥穆，史称秦穆公。"穆"与"缪"古时音同，故秦穆公后裔中遂有以缪为姓者。

干：春秋时宋国有大夫名干犨（chōu），他的后代遂以先祖名中第一字为姓。又说春秋时有小国名干国，干国灭亡后遂有以国为姓者。

解（xiè）：周成王分封其弟叔虞于唐，世称唐叔虞。唐叔虞儿子名良，食邑于解（在今山西运城），人称解良，其子孙遂以解为姓。

应（yīng）：周武王封自己的一个儿子在应（今河南鲁山东）建国，世称应侯，其后代遂以国名应为姓。

宗：古代职官有宗人，主要负责宗庙祭祀之礼，后代子孙故有以先人官职为姓者。因为宗有祖庙、祖先、宗族的意思，所以历代与此有关的职官名称大多有宗字，比如宗伯主要执掌邦国祭礼典礼，为古代六卿之一，宗伯的后代遂有以此为复姓宗伯的。宗与宗伯虽一为单姓，一为复姓，但都是执管家国祭祀大典职官的后裔。

<blockquote>

丁宣贲邓，郁单杭洪。

包诸左石，崔吉钮龚。

</blockquote>

【注释】

丁：西周时姜太公望的儿子伋（jí）死后谥号丁公，丁公子孙遂以丁为姓。又三国时吴帝孙权宗室中有中郎将孙匡在伐曹时触犯军纪，孙权强令其族改姓为丁，因丁在古代是苦役的代称。又商代有丁国，第二十二代商王武丁就曾讨伐过丁国的反叛，丁国随同殷商一起被武王灭掉后，其后代便以丁为姓。

宣：西周厉王之子姬静继承君位，死后谥号宣，即周宣王，宣王子孙中遂有以宣为姓氏的。又春秋时鲁国大夫宣伯后代亦有以宣为姓者。

贲（féi）：作姓氏时亦读作bēn。春秋时鲁国有大夫名县贲父，其后人遂以贲为姓。又春秋时楚国令尹斗椒因罪被杀，其子贲皇投奔晋国，封邑于苗，称苗贲皇。晋楚鄢（yān）陵之战中，贲皇为晋侯出谋大败楚军，被晋侯封为大夫，子孙遂以其名中赟字为姓。又据说古有勇士孟赟，其后代亦以赟为姓。

邓：商王武丁封其叔父曼季于邓（今河南邓州）建国，称邓侯，其后代遂以邓为姓。又五代时南唐后主李煜（yù）幼子从镒被封做邓王，南唐被宋灭后，从镒子孙为避祸改李姓为邓姓。

郁：春秋时鲁国宰相有名郁黄者，其后代子孙遂以郁为姓。又春秋时吴国大夫食邑中有郁国，之后遂有郁姓。

单（shàn）：周成王分封少子臻（zhēn）于单（今河南孟津东南），做为周朝王都辖内的诸侯世代拱卫周王室，地位显贵尊荣，人称单伯，其子孙后遂以单为姓。

杭：夏禹治水之后留下许多舟船，便命自己庶子管理这些余下的船只，其封国称余航（故地在今浙江余杭），后代将航去舟旁改作木旁为姓，遂有杭姓。

洪：相传尧有大臣共工，和驩兜（huān dōu）、三苗、鲧（gǔn）合称"四凶"。他们或为祸作乱，或治水无功，结果有的被尧流放，有的被杀。共工后代本以共为姓，后为避仇杀，兼欲获水德，遂将共字加水旁成洪姓。又西周时有姬姓诸侯国共国（今河南辉县），春秋时被卫国所灭，后代改姓共氏，又为避难，加水旁改姓洪。

包：春秋时楚国大夫申包胥，其后代子孙中有以包为姓者。又说有鲍姓后人去鱼字旁改姓为包者。

诸（zhū）：春秋越王勾践的后裔支族有驺（zōu）无诸，封为闽越王，秦时被废为君长。因参与诸侯反秦有功，汉代时复为闽越王。子孙后因数次反叛，被汉武帝所灭，遂取先祖字中的诸字为姓。又春秋时鲁国有诸邑（今山东诸城西南），食邑于诸的公族大夫后裔中遂有以诸为姓的。

左：周代各诸侯国均设有史官，分左史和右史，左史记言为内史，右史记事为太史。如周穆王有左史戎父、楚威王有左史倚相，他们的后代便以祖上官职左字为姓。

石：西周初周成王封康叔于卫（今河南淇县），世称卫康叔，其后裔子孙中有公孙碏（què）立有大功，被卫桓公封为大夫。公孙碏，字石，史称石碏，其后代遂以其字为姓。又自秦汉始，西域地区石姓少数民族不断融入中原。到唐时，以建都昭武（今甘肃临泽境内）的康国为首，石、安、曹等"昭武九姓"少数民族小国全部归附中原，从此石姓也成为了我国人口较多的姓氏之一。

崔：春秋时齐国丁公之子季子让君位给其弟叔乙，自己食邑于崔（今山东邹平西），后代遂以崔为姓。又自唐代开始朝鲜半岛上新罗国崔姓朝鲜人不断经中国东北南下进入中原，其中一部分融入汉族，留在东北的部分成为"满洲八旗"崔姓，或形成我国的朝鲜族崔姓。

吉：周宣王时大臣兮甲，字伯吉父，官职为尹，史称尹吉父。他率军大败狁狁（xiǎn yǔn），立有战功，后又负责征收南淮夷族贡赋，子孙以为荣，遂以其字中的吉字为姓。

钮：钮姓世系源出未见记载，因有钮滔见于《晋书》，故推测晋代钮姓大概是此姓氏之祖。

龚（gōng）：传说尧帝时"四凶"之一共工的后裔，开始时均姓共，后代有加水旁的演化成洪姓。共工儿子中有一个叫句龙，他接替父亲继任水土治理之官，句龙子孙后来为避仇祸，在共字上加一与水有关的龙字，遂有了龚姓。故龚姓与洪姓同为共工后裔。

程嵇邢滑，裴陆荣翁。
荀羊於惠，甄麴家封。

【注释】

程：颛顼之孙重黎官职火正，负责管理天下火事，其后裔封于程，遂有程氏。一说伏羲氏后裔在夏朝时建立了程国（故地在今河南洛阳东），商朝灭亡后被周武王迁到广平（今河北界内），再被周宣王迁回原程国故地，后代遂以程为姓。又春秋时晋国大夫荀骓的食邑被封于程（今河南洛阳东），后裔亦改姓为程。

嵇（jī，旧读xí）：夏朝第六代君少康封自己庶子于会（kuài）稽，其后代遂以会稽为姓。西汉初会稽公族大姓被迁到谯郡嵇山（今安徽宿州西南），稽与嵇音同，子孙于是改会稽为嵇姓。

邢：周公旦第四子封于邢（今河北邢台），建邢国，春秋时被魏灭掉，后代遂以邢为姓。又春秋时晋国大夫韩宣子家族有食邑于邢邑（今河南温县东）者，子孙于是以邢为姓。

滑：周代有姬姓小国滑国，故地在今河南睢县西北，后迁都于费（今河南偃师西南），又称费滑。春秋时滑国先是被秦所灭，旋即归属晋国，滑国公族后代便以滑为姓。

裴（péi）：伯益后裔秦非子旁支子孙中有封于𦍤乡者。遂以𦍤为姓。到第六世孙陵时封邑改迁别地，陵便将𦍤姓去掉下面的邑字换为同音的衣字，遂有裴姓。又春秋时晋平公封颛顼后裔于裴中（今陕西岐山北），人称裴君，后代遂有裴姓。

陆：齐宣王幼子名通，封于陆乡，子孙遂以陆为姓。又春秋时有陆浑国，故地在今河南嵩县东北，是少数民族所建的小国，后来按汉习改为陆姓。南北朝时北魏有步陆孤氏，为鲜卑族，魏孝文帝迁都洛阳后命其改为汉姓陆氏。

荣：周文王大夫夷公受封于荣邑，世称荣夷公，后代遂以荣为姓。又周成王卿士封于荣，世称荣伯，后代以荣为姓。另传说黄帝时命荣将与乐官伶伦一起铸造了十二口编钟，用来演奏黄帝所作的乐曲《咸池》，因编钟音质优美乐律精准，深得黄帝喜爱，于是封荣将为荣国之君，子孙于是以荣为姓。

翁：周昭王庶子受封于翁山（今浙江定海东），子孙后代于是以封地为姓。又说夏朝第二代君主启当政时有贵族名翁难乙,其后人遂以他名字中的翁字为姓。另传说周昭王小儿子出生后左手掌纹似"公"字,右手掌纹似"羽"字,于是左、右相合起名称翁,其子孙遂以翁为姓。

荀(xún):周文王有子封于郇(xún),建郇国,人称郇伯,其子孙后改郇为荀作为姓氏。

羊:春秋时晋国大夫祁盈封于羊舌,遂称羊舌氏,后代去掉舌字改姓羊。又据《周礼》记载古代有官名羊人,掌管宰羊祭祀方面的事情,其后代于是以羊为姓。

於(yū):黄帝有大臣名则,他发明了用草和麻编织鞋子,结束了古人赤脚无鞋的历史,因为这一功绩被封在於邑,人称於则,子孙后代便以於为姓。

惠:周惠王的后代子孙以祖上谥号惠字为姓。又颛顼后裔陆终第二子名惠连,惠连后人遂以惠为姓。

甄(zhēn):古时制造陶器所用的转轮叫做甄,所以陶瓦工匠就被叫做甄工,据说舜曾做过甄工,后代子孙中遂有以甄为姓者。又说皋陶次子名仲甄,甄姓就是他的后代。

麴(qū):麴(也作麹),即俗称的酒母,是酿酒、制酱用的发酵物,古代掌管酿造官员的后代遂以麴为姓。一说鞠(jū)氏后代在汉代为避难而迁徙,同时改鞠姓为麴姓。又中国姓氏中另有曲姓,据《风俗通》说是晋穆侯封小儿子成师于曲沃,后代遂姓曲沃,再去掉沃字改姓曲。另一说则认为曲是夏桀时的一个逆臣,他助桀为虐,被商汤杀死,曲姓就是他的后代。故麴、曲二姓并不同源同宗。

家:周考王有子名家父,是周朝的卿士,其后代遂以家为姓。一说家父就是《诗经·小雅·节南山》的作者,为周代大臣,因为他敢挺身而出揭露执政者尹氏的暴虐,希望周王任用贤士为民造福，所以后代非常尊敬他，遂以其名家字作为姓氏。

封：炎帝裔孙名钜，据说他是黄帝的老师，夏朝时其后代被封在封父（今河南封丘），建立封父国，子孙遂以封或封父为姓。

芮羿储靳，汲邴糜松。

井段富巫，乌焦巴弓。

【注释】

芮（ruì）：周武王封姬姓司徒于芮（今陕西大荔南）建芮国，世称芮伯，《诗经·桑柔》据说就是他写的讽谏周厉王搜刮民脂民膏的诗篇。芮伯后代东迁居芮伯城（今山西芮城北），春秋时被晋献公所灭，子孙后代为纪念先祖改姓芮。

羿（yì）：夏代有穷氏部落首领名叫后羿，又称夷羿，善于射箭狩猎。他曾一度推翻夏朝，夺取了夏第三代君主太康的王位，但不久就因不理民事而被家众杀死，他的后代遂改用其名字羿为姓。

储：古有储国，储国公族后代遂以储为姓。又春秋时齐国有大夫名储子，子孙于是以储为姓。

靳（jìn）：战国时楚怀王侍臣名尚，因食邑封于靳（今湖南长沙至宁乡间），史称靳尚。张仪替秦王游说，离间齐、楚联盟，将被楚怀王处死，靳尚通过怀王夫人郑袖说服怀王释放了张仪。靳尚子孙后以其封国之名靳为姓。

汲（jí）：周文王之后康叔受封于卫建国，至卫宣公时封儿子于汲（今河南卫辉），人称太子汲，后代子孙遂以汲为姓。

邴（bǐng）：春秋时晋国有大夫豫食邑封于邴（今山东费县界内），人称邴豫，子孙遂姓邴。邴氏后人亦有去掉邑旁改姓为丙的。

糜（mí）：夏代姒（sì）姓同姓部落中有一族为有糜氏，有糜氏后代遂有取糜字为姓者。一说古代种植粮食作物糜子的人中，后来有以糜为姓者,为的是祈求上天保祐其氏族永远食粮丰足。

松:据说秦始皇登泰山封禅祭祀天地时途中曾遇大雨,幸有一棵大松树得以避雨其下,于是即以当时的第九等爵"五大夫"封之,后来五大夫便成了松树的代称。陪侍始皇泰山封禅的大臣中遂有以松为姓者。一说松姓世系不详,最早见于史籍记载的是隋代松赟(yūn)。

井:周代虞国有大夫名井伯,晋灭虞之后,井伯后代百里奚入秦,秦穆公用为大夫,与蹇(jiǎn)叔、由余等共同辅佐穆公建立霸业,百里奚支族中遂有以先祖井伯之名中的井字为姓者。

段:春秋时郑庄公弟弟共叔段的后代,有以共为姓者,也有以段为姓者。又道家创始人老子后代子孙中,有在鲁国为卿士食邑于段的,后人遂以段为姓。

富:东周时,周襄王准备伐郑,大夫富辰苦谏不听。后襄王利用翟人攻郑,还娶了翟人的女子为自己王后,富辰再谏仍不听。最后翟人反叛,襄王被迫先后出逃到郑国、晋国。富辰后代以祖上忠正贤良为荣,遂取其名字中富字为姓。

巫:古代以舞降神之人称作巫,他们执掌祝祷、占卜、治病等事,被认为是神的代言人,其后代遂以巫为姓。据说黄帝时神巫名咸(一说是商代人),黄帝与炎帝逐鹿中原,大战阪泉之前就是先由巫咸占卜胜负的,故巫姓以巫咸为始祖。一说巫咸之子名贤,商时任太宰,史称巫贤,巫姓就是由他而始。

乌:上古少昊氏以鸟名任命官职,掌管高山丘陵之官名乌鸟,其后代遂以乌为姓。又南北朝魏孝文帝时改变鲜卑风俗,令其民族改姓汉姓,乌石兰氏遂改汉姓作乌氏。

焦:西周初年周武王封神农氏后代子孙于焦地(故址在今河南陕州南部一带),其后人遂以焦为姓。

巴:周代在今四川东部地区有巴人所建巴子国,其不少文化遗存保留至今。巴人的后代遂以国名巴为姓。

弓：古代制造弓弩的官称作弓正，子孙遂以弓为姓。又春秋时鲁大
　　夫叔弓出使晋国，不辱使命，世赞其知礼，死后谥敬子。叔弓之
　　后遂以其名弓为姓。

牧隗山谷，车侯宓蓬。
全郗班仰，秋仲伊宫。

【注释】

牧：春秋时卫国康叔后代有牧人，为管理放牧之官，其子孙遂有以
　　牧为姓者。又传黄帝有臣名力牧，黄帝梦见他执千钧之弓弩，
　　驱羊万群，勇力过人，遂拜他为将，力牧后裔遂以牧为姓。

隗（wěi，又读 kuí）：商汤灭夏桀后将夏王族封于隗，建隗国（今湖北
　　秭归东），春秋时被楚所灭，后代以隗为姓。

山：周代有山师之官，掌管山林，后代遂以山为姓。传说炎帝出生
　　于厉山（也称烈山，今湖北随州北）的山洞内，遂号厉山氏（烈山
　　氏），后在阪泉（今河北涿鹿东南）被黄帝击败，子孙后裔中的一
　　支遂以山为姓。

谷：颛顼之后秦国开国君主非子，因养马有功被周孝王封于秦谷
　　（今甘肃天水西南），后代遂有以谷或秦为姓者。又南北朝时魏
　　孝文帝命鲜卑族改汉姓，其中谷会氏则改为谷氏。

车："春秋五霸"之一秦穆公死时，辅佐他的子车奄息、子车仲行、子
　　车铖（qián）虎三位良臣被迫殉葬从死，子车氏后代子孙哀悼先
　　人，改姓车氏。《诗经·秦风·黄鸟》就是秦国人挽子车"三良"
　　的诗篇。又黄帝时有大臣名车区，负责星相占卜，其后代以车
　　为姓。又汉武帝时有丞相田千秋，因老迈上朝时必须乘车出
　　入，时人谓之车丞相，后其子孙遂有以车为姓者。

侯：西周时封夏侯氏于侯建国，子孙遂以国名侯为姓。又春秋时晋国哀侯兄弟均被晋武公杀死，哀侯子孙避祸出逃，并以原封爵位侯为姓。南北朝魏孝文帝迁入中原后，鲜卑族侯奴氏、侯伏氏改汉姓为侯。

宓（fú，又读 mì）：宓姓据说是伏羲氏的后代，因为上古时宓与伏音同，故伏羲也称宓羲，后裔遂有取宓为姓者，今多读宓为 mì 音。

蓬：西周初周王室封支裔子孙于蓬州（一说即蓬陂，在今河南开封南；一说在今四川营山东北），后代遂以蓬为姓。又说蓬是蓬草，蓬姓祖先以蓬草筑屋，认为蓬草为生存必须品，故以蓬为姓。

全：西周设有泉府之官，负责管理钱财，泉府后代遂有以泉为姓者，又因泉与全音同，故演化为全姓。一说全是古代邑名，居住全邑的人以全为姓。

郗（xī）：东夷族少昊氏挚的后裔西周时被封于郗邑（今河南沁阳一带），子孙遂以郗为姓。

班：楚国若敖有孙子名子文，官职令尹，人称令尹子文，传说小时候他被老虎叼走，是吃虎乳长大的。因老虎身上有斑纹，所以令尹子文的后代就用斑为姓，后写作班。

仰：秦惠王儿子名卬（yǎng），人称公子卬，子孙后加人字偏旁以仰为姓。又说舜有大臣名仰延，精通音乐，他将原本仅有八根弦的瑟增加到二十五根弦，使其乐律更加丰富宽广，子孙引以为荣，遂改姓仰。

秋：春秋时鲁国大夫仲孙湫（qiū）的裔孙名胡，在陈国为官，人称湫胡，湫胡后代遂有去水偏旁以秋为姓者。传统京剧中《秋胡戏妻》据说就是根据湫胡的故事改编的。

仲：黄帝后裔高辛氏有才子八人，世称"八元（善）"，舜举之使教化四方。八元中仲熊、仲堪的子孙，遂以先祖名字中的仲字为姓。

又商汤王有左相名仲虺（huǐ），仲虺子孙遂以仲为姓。又周宣王有卿士仲山甫，多次劝谏宣王施行仁政，力佐周室中兴，其后代以仲为姓。

伊：传说帝尧出生于伊水畔，其后代于是以伊为姓。一说商代大臣伊尹，辅佐商汤攻灭夏桀，子孙遂以其名伊为姓。伊尹名伊（一说名挚），尹为官名。

宫：周朝专门负责修缮、清扫宫室庭院的官称宫人，其后人遂以官职宫为姓。又春秋时鲁国孟僖子的儿子食邑于南宫，后代子孙中的一支遂以宫为姓。

宁仇栾暴，甘钭厉戎。

祖武符刘，景詹束龙。

【注释】

宁（nìng）：春秋时秦襄公曾孙死后谥宁，世称宁公，子孙遂以宁为姓。又卫武公儿子季亹（wěi）封于宁邑，后代于是以封地宁为姓。

仇（qiú）：夏代有诸侯九吾氏，入商后建国名九国，九国的国君九侯商朝末年时被纣王杀死，子孙为避祸遂加人字偏旁改九为"仇"作为姓氏。又春秋时宋缗公被宋万杀死，大夫仇牧闻讯赶赴宫廷救君，在宫门口与宋万狭路相逢，仇牧仗剑斥责宋万，不幸亦被杀死。仇牧后代为纪念先人，取其名字中的仇字为姓。

栾（luán）：春秋时晋靖侯有孙子名宾，封食邑于栾（今河北栾城），后代遂以封邑栾为姓。又齐国始祖姜太公后代中有叫子栾的，子栾的后人遂有以栾为姓者。

暴：商代诸侯暴辛公建暴国，周朝时并入郑国，暴辛公后代遂以暴为姓。

甘：夏代时有甘国（今陕西西安鄠邑区西。一说今河南宜阳或洛阳附近），甘国王族后裔以甘为姓。一说夏代甘国后裔中出了贤士甘盘，在商朝时任第二十二代商王武丁的老师，甘盘子孙因此以甘为姓。又西周时武王，东周时惠王、襄王，都有姬姓王族封邑于甘，他们的子孙后代都以甘为姓。

钭（tǒu）：战国时田氏代齐，史称田齐。姜姓齐国末代君主齐康公被迫流落海滨，用酒器钭当做锅煮食野菜充饥，其支庶子孙中的一支为不忘先祖困苦，遂以钭作为姓氏。

厉：春秋齐国厉公后代以祖上谥号厉为姓。一说上古炎帝生于厉山，号厉山氏，炎帝后裔中遂有以厉为姓者。一说西周时有厉国，故地在今河南桐柏东南一带，厉国公族后代以国名为姓。

戎：周武王封其弟叔振铎于陶丘（今山东定陶西南），建立姬姓诸侯国曹国。当时另一诸侯小国戎国（今山东菏泽西南），是曹国的附庸国，春秋末年戎国随同曹国一起被宋国所灭，戎国公族后裔遂以戎为姓。

祖：商汤后裔子孙中，先后有祖乙、祖辛、祖丁、祖庚、祖甲任第十三、十四、十六、二十三、二十四代商王，他们的后代遂以祖为姓。

武：据说夏代帮助后羿一度夺取夏王太康君位的部族首领中有名武罗者，武罗的子孙后来便以武为姓。又商代中兴之王武丁先后用兵征服了周边各国，后裔子孙中遂有以其名字中的武为姓者。又周平王小儿子出生后因手心中有"武"字手纹，故起名叫武，他的后代于是改姬姓为武姓。

符：春秋时鲁顷公之孙公雅在秦国任符玺令，负责掌管传达命令调遣军队的符节印玺，其后代遂以符为姓。

刘：唐尧儿子丹朱的后裔有名叫累的为夏王孔甲养龙（驯养鳄鱼）有功，封在刘地（故地在今河北唐县），故称刘累，刘累后人遂以刘为姓。刘姓后裔在周代曾被迁到杜邑（今陕西西安一带），后改姓为杜。杜氏子孙中有名隰（xí）叔的在晋国任士师，隰叔后代后来分为两支，一支留在晋国以隰叔官职中的士字为姓；一支入秦未归，并且改回最初先祖姓氏即刘姓。战国后期秦灭魏、楚等六国，刘姓亦随秦军东进，其中一支定居在了沛县（今属江苏），这族中就出了后来的汉高祖刘邦，刘姓也从此成为了大姓。又东周匡王姬班少子王季封于刘邑（今河南偃师西南），世称刘康公，后代遂以刘为姓。

景：春秋时楚国大夫景差与宋玉同时，以楚辞见称，他的后人遂以景为姓。又春秋时齐国景公的后代，有以其谥号景为姓者。

詹（zhān）：舜封黄帝后裔于詹地（在今河南界内），遂有詹姓。一说周宣王封其支庶子孙于詹地建国，人称詹侯，詹侯之后以詹为姓。因黄帝为姬姓，是周始祖，则詹姓源出于姬姓。

束（shù）：春秋末期田姓代齐，至战国田齐公族中有疎（shù，今读作shū，写作疏）姓，因战乱避祸，去足字偏旁改姓作束。一说疎姓传至汉代，有疎广（疏广）家居传授《春秋》，汉宣帝征召其为博士太中大夫，做太子少傅。王莽篡国后，疎广曾孙疎孟达避难沙鹿山，去掉姓中的足旁改姓束氏，束姓由此而始。

龙：相传黄帝时有臣名叫龙行；帝舜时有臣名龙，官职为纳言（负责上传下达之官），他们的后代遂以先祖名字龙为姓。一说颛顼后裔替舜驯养龙（即鳄鱼），故称豢（huàn）龙氏，后代于是以龙为姓。一说刘氏先祖刘累曾师从豢龙氏为夏王孔甲养龙，因功封于刘，赐姓御龙氏，故其后代有姓刘者，有姓龙者。一说春秋时鲁国有龙邑，故地在今山东泰安西南，居于此地的人，后代有以龙为姓者。

叶幸司韶，郜黎蓟薄。

印宿白怀，蒲邰从鄂。

【注释】

叶（旧读 shè）：春秋时楚国庄王的曾孙沈尹戌为楚平王左司马，在
与吴国的交战中被杀。沈尹戌之子沈诸梁，字子高，被封于叶
县（今河南南阳）任县尹，自称叶公，因平定楚国王族白公胜之
乱有功，子孙世袭其爵，并改沈为叶姓。

幸：幸氏世系不详，有人说因古代君王身边有不少宠幸的侍从之
臣，其子孙遂被冠以幸姓。

司：据传神农氏时属下有专门负责占卜祭祷的大臣名叫司怪，司怪
子孙遂以司为姓。一说春秋时郑国有大夫名叫司成，司姓就是
他的后代。另说复姓司马、司徒、司寇、司城的子孙有改为单姓
司的。

韶（sháo）：帝舜制作的韶乐美妙动听，后被当做庙堂音乐，据说孔
子在齐闻韶乐而三月不知肉味，因此有人以韶为姓。一说舜南
巡曾登韶石（在今广东韶关北），演奏韶乐，故此地称韶石，居住
于此地的人遂以韶为姓。

郜（gào）：周文王有小儿子封于郜（在今山东成武东南），春秋时被
宋桓公所灭，郜国姬姓王公子孙遂以故国国名郜为姓。

黎：据说颛顼裔孙被封于黎阳（今山西长治西南），建黎国，子孙后
代遂以黎为姓。到商朝末年黎国被周所灭，周武王分封帝尧后
裔居黎，尧的后裔亦以封地黎为姓。

蓟（jì）：西周初武王封黄帝后裔于蓟（今北京大兴）建蓟国，子孙遂
以蓟为姓。

薄（bó）：商代诸侯中有薄姑氏，其后代遂以薄为姓。又春秋时宋国
有大夫封于薄城（今河南商丘北），子孙于是以食邑为姓。又南

　　北朝时鲜卑族有薄奚氏,魏孝文帝下令改汉姓时,一部分改作薄姓,一部分改作奚姓。

印:春秋时郑成公名睔(gùn),字子印。他的孙子段为郑国大夫,曾著《蟋蟀赋》,被誉为保家之士,段以祖父之字印为姓,后遂有印姓。

宿:据说西周初周武王封伏羲氏后裔于宿(今山东东平东)建国,子孙后代遂以宿为姓。

白:据说炎帝时有大臣名白阜,负责水利工程,因治水有功深得炎帝赞赏,子孙于是以白为姓。又春秋时秦文公之子公子白的后代以白为姓。又春秋时著名的秦晋殽(xiáo)之战中,秦军统帅为孟明视、西乞术、白乙丙三人。为纪念先祖战功,白乙丙子孙后遂以白为姓,据说战国著名秦将白起就是他的裔孙。又春秋后期楚平王太子建有子名胜,楚惠王时被封在白邑(今河南息县西南)建城,人称白公城,胜则被称为白公胜。白公胜作乱被叶公平定,其后人遂以城邑之名白为姓。又西汉至唐宋时,西域少数民族中亦有大量仿效汉俗起单姓称白氏的。

怀:西周时周武王初封其子叔虞于怀地,后周成王灭唐国(今山西翼城西),把唐封给了叔虞,世称唐叔虞,而原来居住于怀地的叔虞宗族则改姓怀。又春秋时宋国微子启后裔中有改子姓为怀姓的。

蒲:据说是上古有扈氏的后裔。一说夏禹封舜的后代于蒲(今河南长垣;一说今山西吕梁;一说今山西蒲州),蒲人遂以蒲为姓。

邰(tái):据说帝尧封后稷于邰,其子孙遂以邰为姓。后稷就是周的先祖弃,传说他的母亲名姜嫄,为有邰氏之女。姜嫄在田野上见一巨人脚印,好奇踏上去玩,结果因此怀孕而生一子,开始想把这男孩抛弃不要,故名叫弃。弃后来做了尧的农官,教民耕地种植稷、麦等粮食作物,因功封邑于邰(今陕西武功),邰姓和姬姓都是他的子孙后代。

从：东周时平王将小儿子精英封于枞（cōng，今安徽枞阳），建枞国，世称枞侯。枞侯后代枞公为刘邦大将，与御史大夫周苛同守荥阳，荥阳城破，枞公被项羽所杀。枞公子孙将枞字去掉木旁改姓从，意思是"去木留从"，枞姓由此渐渐消亡。

鄂（è）：春秋时晋孝侯之子郄（xì）接替父位，因其原居于鄂（今山西乡宁南），故称晋鄂侯，鄂侯子孙后遂以鄂为姓。又春秋时楚王有子封于鄂（今湖北鄂城），鄂邑王公子孙后代便以鄂为姓。

索咸籍赖，卓蔺屠蒙。
池乔阴郁，胥能苍双。

【注释】

索：周公平定武庚之乱后，将殷商遗民"殷民七族"和商故都周围地区一并封给了武王弟弟康叔。索氏即为殷七族之一，居住地在今河南商丘东部一带，这就是索姓的先祖。

咸：帝尧大臣有名咸的，是尧的巫祝之官。传说他能为人延年益寿；而且咒树树能枯，咒鸟鸟能坠，子孙为其神通广大而自豪，因此以咸的名字为姓。一说巫咸是商朝时负责掌管占卜巫祝的大臣，咸姓就是他的后代。

籍（jí）：春秋时晋国大夫荀林父之孙伯黡（yǎn）管理国家典籍文献，后代遂以其官职籍为姓。一说卫国有地名籍圃，居住此地之民遂以籍为姓。

赖：西周初年周武王分封炎帝后裔于赖（今湖北随州）建国，赖国后被楚国所灭，子孙出逃至鄢、傅、罗等地，有的以原国名赖为姓，有的则以寓居地鄢、傅、罗等为姓了。

卓：春秋时楚威王儿子名卓，人称公子卓，卓姓就是他的后代。一说卓姓是楚国大夫卓滑的子孙。

蔺（lìn）：春秋末韩、赵、魏三家分晋，晋大夫韩武子后代韩景侯建立韩国，子孙后有以韩为姓者。后来韩国公族有支裔孙韩康在赵国为官，食邑封于蔺（故址在今山西离石西），子孙后改以蔺为姓，蔺相如即出自这一家族。

屠：据说东方九黎部族首领蚩尤与黄帝大战涿鹿，兵败被诛。黄帝为使九黎族人难以集聚反抗，将其分散于各地居住，其中居住于屠地（今山东界内）的遂以屠为姓。又商朝王族有封于郦（tú）地者，后代去邑偏旁改姓屠。又古有以屠宰牲畜为职业者，其后代遂姓屠。

蒙：夏朝初期封颛顼后裔于蒙双（今山东界内），之后遂有蒙姓。

池：战国时秦国王族中有一公子名池，官居大司马，家族声名显赫，子孙遂以池为姓。又春秋时城邑都建有城墙，城墙外则围有护城河，因护城河称为池，故居住护城河边的人家中便有以池作为姓氏者。

乔：据说轩辕黄帝死后葬于桥山（今陕西黄陵），子孙中留居桥山为其护陵守墓者遂以山名桥字为姓，后去偏旁木字简姓作乔。又东汉太尉桥玄后代裔孙桥勤在北魏时任平原内史，后随孝武帝避乱逃奔关中，投靠大将宇文泰。后宇文泰杀孝武帝立元宝炬为帝，权倾一时，史称西魏。某日宇文泰兴致所至，命桥勤改姓乔木之乔，取其高远之意，桥勤听命而改，据说桥姓简作乔姓的出处即此。

阴：春秋时齐桓公贤相管仲后代孙管修仕楚，封为阴邑大夫，人称阴修。阴修与其先祖一样有贤名，后因白公胜之乱被杀，修的子孙遂以阴为姓。

郁：古代有郁国，是吴大夫封地，其公族后以国名郁为姓。一说古时扶风有郁夷县，胶东有郁秩县，北边还有郁致县，居住在那里

的人后来便陆续以郁为姓了。一说春秋时楚国曾征伐郁林氏，
将其民强迁至楚都郢的附近，人称郁氏。

胥（xū）：春秋时晋有大夫名胥臣，曾陪晋公子重耳出奔。重耳即位
后胥臣得以封邑赐爵，子孙以为荣，遂以其名胥为姓。

能：周成王封熊绎建楚国，其子熊挚受封于夔，建夔国。后楚国以
夔国不奉祀祖先为罪名灭掉了夔，夔国王族为避株连之祸，将
熊字改为能字作姓。

苍：传说黄帝诸子中有一个名叫苍林，其后代遂以先祖名字中的苍
字为姓。

双：夏朝时颛顼后裔的一支被封于双蒙，其子孙遂以双为姓。一说
封于蒙双的颛顼后裔，后又分为双姓和蒙姓。双蒙与前面"蒙"
姓之封地蒙双，实为一地。

闻莘党翟，谭贡劳逄。

姬申扶堵，冉宰郦雍。

【注释】

闻：春秋时鲁国的少正卯博闻强识（zhì）学问渊博，但观点政见与孔
子不同，他聚徒讲学对孔子的学说冲击很大，孔子做了鲁国司
寇执掌刑狱之后便诛杀了少正卯。由于少正卯是当时远近闻
名的人，其后代便以"闻人"二字为姓，后来又演变成了单姓闻。

莘（shēn）：夏代国王启的支系子孙被封于莘，后代遂以封国莘为姓。
古史所称商汤娶有莘氏之女，即是莘国女子。

党：夏禹后裔世居党项（今青海、甘肃一带）者以党为姓。又春秋时
晋国公族封邑于上党（今山西长治），子孙后代遂以党为姓。又
历史上党项一地是民族混居的地区之一，除夏禹后裔，还有很
多少数民族，其中的党项羌人学习汉俗亦以党为姓。

翟（zhái）：黄帝后裔居于翟地者，后便以翟为姓。翟又可读作翟
　　（dí），与狄同，春秋时代居住于北地的狄族故有以翟字作姓者。

谭：周初分封时夏禹的一支子孙被封于谭（今山东章丘西）建国，到
　　春秋时谭国被"春秋五霸"之一的齐桓公所灭，谭国国君逃亡至
　　莒（jǔ，今山东莒县），留在故国的子孙遂以原国名谭为姓。又谈
　　姓中有因避祸、避讳而改谭姓者。

贡：孔子的著名弟子端木赐，字子贡，其后代子孙中遂有以贡为
　　姓者。

劳：崂山（今山东界内）古称劳山，居住山里的人原来很少与外界来
　　往，西汉初劳山人开始与外界相通，朝廷于是赐山民为劳姓。

逄（páng）：相传炎帝有裔孙名陵，商朝时被封于逄建国，世称逄伯
　　陵，其后代遂以封国逄为姓。

姬（jī）：传说黄帝出生于姬水畔，于是便以姬为姓，周朝王族是黄
　　帝后裔，遂为姬姓。

申：周朝封姜姓始祖炎帝的后裔于申（故址在今河南南阳北），春秋
　　时申国被楚所灭，其王族后代遂改姜姓为申姓。

扶：夏禹有大臣扶登，其子孙遂以扶为姓。一说西汉初年有一个巫
　　祝名嘉，善于占卜祈祷，预言无不应验，汉高祖刘邦因巫嘉能感
　　召神祇扶助汉室，特赐巫嘉姓扶。

堵：春秋时郑国大夫泄寇受封于堵邑（在今河南界内），世称堵叔。
　　堵叔与叔詹、师叔号称三良臣，辅佐郑君，颇有善名，后代子孙
　　遂以封邑堵为姓。

冉：据说帝喾高辛氏部落中有冉氏，其后裔遂以冉为姓。又周文王
　　第十子名季载，武王灭商后被封于郍，周公推举他做司空辅佐
　　成王，声名显于当时，后代子孙遂把封邑郍去掉右偏旁作冉为
　　姓。又楚有大夫名叔山冉，他的后代也以冉为姓。

宰：本为殷商时代开始设置的掌管家事、家奴的官职，西周时沿置，

职权扩大到执掌王家内外事务,或在王的左右辅赞王命。春秋
各国亦设此官,多称为太宰。周有大夫孔担任此职,史称宰孔,
其子孙遂以其官职宰为姓。

郦（lì）：夏禹封黄帝后裔于郦地建国,郦国灭亡后,王公族裔遂以国
名为姓。

雍（yōng）：西周初文王将其一子封于雍地（故地在今陕西西部）,
人称雍伯,雍伯后代遂以雍为姓。

邰璩桑桂,濮牛寿通。
边扈燕冀,郏浦尚农。

【注释】

邰（xì）：春秋时晋国公族叔虎因战功受封于邰,建邰国,世称邰子,
其子孙后代便以封国邰为姓。

璩（qú）：璩姓源出不详。因璩本是一种耳环,故一说认为璩姓可能
是制作耳环工匠的后代。另一说认为古代有地名蘧,居住于蘧
的人遂以蘧为姓,后蘧与璩混同为一姓。今见于著录的如唐代
岳州人璩抱朴,春秋卫国大夫蘧瑗,汉代大行令蘧正。

桑：传说古代东夷族首领少昊氏后代有居住于穷桑（故址在今山东
曲阜北）的,子孙遂以地名中的桑字为姓。又春秋时秦国公族
有公孙枝,字子桑,他的后代遂以其字桑为姓。

桂：周朝王族后裔姬季桢为秦国博士,秦始皇焚书坑儒时被杀。他
的弟弟姬季眭（guì）为避祸,将季桢的四子统统更改了姓名,其
老大改叫桂奕,因"桂"与自己名字"眭"同音,桂姓源出即此。

濮（pú）：虞舜有子名散,封地于濮,子孙后以濮为姓。一说春秋时
卫国有大夫封于濮,后代遂以封地为姓。

牛：周武王灭商后封商纣王庶兄微子启建宋国,微子启裔孙司寇牛

父为保卫宋国战死,子孙引以为荣,以他的名字牛为姓。又北魏侍中寮允,因功赐姓牛,其子牛弘任隋朝吏部尚书,好学博闻,性格宽宏,史称大雅君子。

寿:春秋时周王室支裔吴王寿梦的后代,以其祖名字寿为姓。

通:春秋时巴国有大夫封食邑于通川(故地在今四川),子孙遂以通为姓。一说秦汉时有爵位名彻侯,金印紫绶,地位极尊。曾有封爵彻侯者的子孙以先人爵位"彻"为姓,后因避汉武帝刘彻名讳,改彻姓为通姓,取"彻"与"通"字意相同之故。

边:商代有小国名边,居其国者以边为姓。又东周襄王时有大夫封邑于边,称边伯,子孙遂以边为姓。一说春秋时宋平公之子御戎,字子边,子孙以他的字边为姓。

扈(hù):夏朝时禹的子孙中有封地于扈者建扈国(今陕西西安鄠邑区),禹去世后由启继承了王位,引起了其他王族公国的不满,扈国即是反对启的公国之一,结果扈国被启灭掉,国人遂改姓扈。

燕(yān):商朝封黄帝后裔伯倏于燕(今河南卫辉一带),史称南燕国,其国人后以燕为姓。又周武王建国后,分封助其灭商的功臣召公奭(shì)于燕(今河北北部和辽宁西部)建国,都城为蓟(在今北京西南部),史称北燕。燕在战国时为七雄之一,后被秦灭,燕国公族遂以燕为姓。又东晋时鲜卑族慕容氏于北方称帝,国号为燕,分前燕、后燕、西燕、南燕、北燕诸国,诸燕相继亡国后,其后人亦有仿汉族以燕为姓者。

冀:唐尧的后裔周朝初年被封于冀(今山西河津一带)建国,春秋时冀国被晋吞并,其王族遂以冀为姓。又冀姓后代追溯其源,认为晋国大夫冀芮食邑于冀,子孙遂以冀为姓,故冀芮实为冀姓之祖。

郏(jiá):周成王定国鼎于郏鄏(rǔ),故址在今河南洛阳西,居住此地的人后遂以郏为姓。又春秋时郑国大夫郏张的先人封邑于郏地（今河南郏县），其族遂以郏为姓。

浦：春秋时晋国大夫浦跞（lì）乃姜太公姜尚的后代，浦跞子孙后遂以其名字中的浦字为姓。

尚：夏朝时有王族名尚黑者，他的子孙后以先祖名字中的尚为姓。又姜太公名望，西周初年官拜太师，辅佐武王灭商有功，被尊称为师尚父，也称姜尚。因其封于齐建国，为齐国始祖，故亦称太公。姜太公后裔中遂有以其尊号中的尚为姓者。一说战国时开始设置尚书官职，掌管文书，秦汉后因尚书在皇帝身边办事，地位渐重，尚书的子孙后代遂有取祖上官名中的尚（即执掌之意）为姓者。

农：西周初武王封神农氏后裔为农正，执掌农业生产与农事祈祷等事，农正后代子孙遂以祖上官职为姓。

温别庄晏，柴瞿阎充。
慕连茹习，宦艾鱼容。

【注释】

温：西周初成王封其弟叔虞于唐，唐叔虞后代子孙中的一支受封于温（今河南温县），其族后人遂以温为姓。又春秋时晋国大夫郤至的食邑封于温，世称温季，温季后代遂以温为姓。又唐代西域有康居国（故址在今新疆北），与唐交往中其国王取汉姓为温，后融入中原成为温姓源流之一支。

别：古代宗法之制，嫡长子族系称宗子，长子之外的次子、三子等诸子族系称小宗。小宗的次子们地位更低，称为别子，因为按照宗法制度别子不能承继祖姓，于是就有了以别为姓以示区别者。别姓既然带有如此明显的尊卑有别之意，所以罕见于世，历史上大多用为元代蒙古族人的姓氏音译。

庄：春秋时楚庄王支系子孙中有以先祖谥号庄为姓者。又春秋时宋戴公名武庄，其后代子孙中遂有以其名字中庄字为姓者。

晏（yàn）：据说颛顼有裔孙名陆终，陆终第五子名晏安，晏安后人遂以晏为姓。又尧帝时有臣名晏龙，晏龙之后遂取其名字中晏字为姓。又春秋时齐国公族有封于晏（今山东齐河西北）者，后代遂以封邑为姓，身为齐国灵公、庄公、景公三朝大夫的晏婴即出此家族。

柴：齐国姜子牙的后代裔孙有名高柴者为孔子弟子，高柴之孙名举，举以祖父名字中的柴字为姓，称做柴举，柴姓由此而始。又元朝灭亡后，蒙古王公贵族中有不少家族改作汉姓柴氏，到了清代，亦有许多满族人效仿汉姓改称柴氏。

瞿（qú）：商朝时有一大夫封食邑于瞿上，世称瞿父，子孙后以先祖封邑为姓。一说孔子有弟子名商瞿，居住地被称做商瞿里，后改称瞿上乡（在今四川双流东），他的后代便以瞿为姓。

阎（yán）：西周初武王封周太伯（太王古公亶父的长子）曾孙仲奕于阎乡，其后代遂以封邑阎为姓。又周康王之子封于阎，后代亦以封地为姓。春秋时晋成公之子封于阎，子孙亦以阎为姓。

充：周代官职中有充人，主管饲养祭祀时所用的牲畜，"充"的意思就是使牲畜肥壮，充人后代遂有以祖先官职为姓者。

慕：古代鲜卑族有慕容氏，意思是：仰慕天地二仪之德，承继日、月、星辰三光之容。在不断与中原汉民族融合的过程中。鲜卑慕容氏有改复姓为单姓慕者。

连：颛顼裔孙陆终第三子名惠连，他的后代中遂有以连为姓者。又春秋时齐国大夫连称与管至父一起戍葵丘，后发动叛乱杀死襄公，从而引起国人不满，最终连称亦被杀。连称子孙只好逃出了齐国，为了避祸，他们改掉原姓，以连称名字中的连字作为了新姓氏。又楚国春秋时设有连尹、连敖等军事官职，后合为一职，他们的子孙后来遂有以祖上军职中的连字为姓者。

茹：古代东胡族有柔然部落，南北朝时北朝称其作蠕蠕，南朝称其作芮芮，主要活动在今甘肃敦煌、张掖北部。柔然族人进入中原后改蠕蠕、芮芮为茹茹氏，后又效法汉族以单字茹为姓。

习：古有小国名少习国，其故地在今陕西商州东南一百八十多里的武关北。少习国人后有以习为姓氏者。

宦（huàn）：宦姓源起不详，有人推测为官宦人家后代自称姓宦。当然是取仕宦之意，而非阉宦之宦。一说战国时赵国有宦者令，汉代有宦者令、宦者丞，均为少府属官，宦姓也可能源于任此官职者的后代。

艾：夏代少康王时，有臣名汝艾辅佐其中兴大业，其子孙后代便以艾为姓。又春秋时齐景公宠臣名孔，因封邑于艾（今山东莱芜东南），人称艾孔，后代遂姓艾。

鱼：春秋时宋桓公因病打算让位，太子兹父请桓公立其庶兄子鱼（名目夷）继位，子鱼一再谦让，最后兹父登基为宋襄公。襄公命子鱼为司马，宋、楚泓之战，宋襄公不听子鱼趁楚军渡河前后阵脚未稳之机击溃楚军的正确建议，结果被楚军打败，襄公自己亦因伤而卒。子鱼后代以先祖贤能为傲，遂以其字鱼为姓。

容：古有容氏国，其国人后遂以容为姓。又古代礼乐之官称作容，据说黄帝的礼官名容成，中国最早的历法就是他发明的，道家更是把他附会作仙人，说他是黄帝或老子的老师，容成的子孙后遂以容为姓。

向古易慎，戈廖庾终。

暨居衡步，都耿满弘。

【注释】

向：春秋时宋桓公儿子中有公子肹（xī），字向父，其子孙遂以其字向为姓。

古：周太王古公亶父后人中有以古为姓者。又春秋时晋景公大夫郤犫（xì chōu），又称苦成叔，谋事有智，临戎有文，而且有辩才，为使有礼，其后代中有以苦成为姓者。苦成的后人又以音近而改姓古成者；古成的子孙则又有改复姓为单姓古者。

易：春秋时齐桓公有宠臣名雍巫，字牙，精于烹调美食，封邑于易，人称易牙，易牙子孙后代以易为姓。又古代易州在今河北易县，居于此者遂以地名为姓。

慎：春秋时楚太子建的儿子白公胜曾于慎地（今安徽颍上西北）打败吴国军队，后作乱出逃，自缢而死。白公胜的后代居于慎的遂以地名慎为姓。

戈：夏禹后裔子孙中有封于戈地者，遂以封地戈为姓。

廖（liào）：商朝时封颛顼后裔叔安于廖国，世称廖叔安，子孙后以廖为姓。又周文王有子名伯廖，伯廖子孙中有以廖为姓者。

庾（yǔ）：古代称露天堆积粮食的临时仓库为庾，远在帝尧时代就有负责看管这种粮仓的官职掌庾大夫，周朝沿置此官职，且子孙一般世袭其职，因此他们的后代中就有以庾为姓者。

终：颛顼裔孙名陆终，陆终子孙中遂有以终为姓者。一说夏桀太史令名终古，子孙遂以其名为复姓终古，后裔中又有改复姓为单姓终者。

暨（jì）：据说颛顼裔孙陆终儿子名篯，篯的后人在商代时封于诸暨（今属浙江），子孙遂以地名中的暨字为姓。

居：春秋时晋国大夫先轸善用兵，先后统帅中军击败楚师，为襄公谋划大败秦师，后不穿胄甲勇入狄师战死。先轸之子先且居继其父职，辅佐晋襄公多有善策，子孙因以为荣，以其名字中的居字为姓。

衡：商汤辅国之臣伊尹，官拜阿衡，至太甲王时改称保衡，为执掌国政之臣,伊尹后代遂以先祖官职名称衡字为姓。又三国时袁绍在官渡被曹操打败,不久病死,其支裔子孙避祸于衡山(今属湖南),后便以山名为姓。

步:春秋时晋国大夫郤豹的裔孙名扬,封邑于步,世称步扬,其子孙后代以封邑步为姓。

都:春秋时郑国大夫公孙阏,字子都,好强逞勇,长相俊美,闻名当时。郑庄公命子都与大夫颍考叔伐许,子都因为争功而将颍考叔射杀。子都后人中有以其字都为姓者。

耿:商代自祖乙王至阳甲王均于耿(今河南温县东)建都,后盘庚迁都于殷(今河南安阳小屯村),留在耿的商王族后裔中遂有以耿为姓者。又周灭商后,分封周姬姓王族中一支建诸侯小国耿(在今山西河津南),春秋时为晋所灭,其王族遂以国名耿为姓。

满:周初封舜的裔孙胡公满于陈建国,建都宛丘(今河南淮阳),春秋时陈国被楚所灭,胡公满的后代遂以满为姓。又伊斯兰历史上阿拔斯王朝统治者艾布·贾法尔又名满苏尔,意即胜利者。后满苏尔演变成穆斯林中的一支大姓,在与我国中原汉民族交往融合的过程中,我国回族遂效仿汉姓改满苏尔为满姓。

弘:春秋时卫懿公大臣弘演出使在外,狄人攻卫,杀卫懿公后食尽其肉而丢弃其肝。弘演闻讯赶回卫国,呼天悲号,并自剖己腹将懿公之肝置于内而死。弘演子孙以其祖忠耿为荣,遂改姓弘。

匡国文寇,广禄阙东。
欧殳沃利,蔚越夔隆。

【注释】

匡(kuāng):春秋时鲁国句须担任匡邑(故地在今山东西南一带)

宰,子孙遂以其居官的地名为姓。

国:据说夏禹时,为其掌管车马出巡的御者名国哀,国姓子孙认为国哀即其始祖。又春秋时齐国有上卿名国,子孙以国为姓,世袭上卿。又春秋时郑穆公之子公子发,字子国,后代遂以其字为姓。

文:周武王灭商建周,追谥父亲姬昌为文王,文王后代中遂有以其封谥文为姓者。

寇:西周初苏忿生任武王司寇,负责刑狱尽职尽责,他的后代遂以其官职中寇字为姓。又卫国始祖康叔为周武王弟,周公灭武庚后把殷民七族和商故都土地均封赏给了他,成王时又命他做了司寇,康叔后代中遂有以其官称中的寇字为姓者。又后魏时鲜卑族中的若口引氏改汉姓为寇。

广:据说上古轩辕黄帝时,有号广成子的高人隐居于崆峒山石室中,黄帝曾向他请教过治国之道,广成子后代有以广成为复姓者,亦有以广为单姓者。

禄:商纣王儿子武庚,字禄父,武王灭商后继续守其封地为殷君,周公旦摄政时他勾结“三监”谋反,被周公诛杀。武庚死后,子孙改以其字中的禄字做姓。

阙(quē):相传春秋时孔子讲学授徒之所在洙、泗二水之间的阙里(故地在今山东曲阜北),孔子学生中有定居此地的,其后代遂以阙为姓。一说阙里有邑名阙党,封于阙党邑的鲁人中有以阙为姓者。

东:传说帝舜有七位好友,其中的东不识乃伏羲后裔,东不识的后代子孙遂以东字为姓。

欧:春秋时越国著名的冶炼锻造工匠欧冶子,曾为勾践王制作过湛卢、巨阙等五把名剑,与干将携手为楚王打造了龙渊等三把宝剑,因此名噪当时,他的子孙后以其名字中的欧字为姓。又越王勾践后裔有封为乌程欧阳亭侯者,其子孙遂以欧阳为姓,欧阳复姓在传继过程中又演化出了欧这个单姓。

殳(shū):帝舜是传说中远古部落有虞氏的领袖,他曾命垂担任共工一职,负责执掌百工之事,垂让贤于殳斨(qiāng),殳斨后代遂以先祖名字中的殳为姓。

沃:商王太甲之子名沃丁,他即位后名相伊尹已卒,沃丁任用贤臣咎单继续实行伊尹善政,天下大治。沃丁后代认为先王治理有方,遂以沃为姓。一说古代居住于沃(今山西曲沃)的人以居住地为姓。

利:帝尧的理官皋陶后裔理利贞,为了躲避商纣王追杀,出逃至今河南嵩县伊水旁,曾以李子充饥,他的后代遂有以李、以理或以利为姓者,故利姓与李姓同出一祖。

蔚(yù):北周宣帝时改代郡为蔚州(今河北蔚县东北)。代郡上溯至春秋时为诸侯小国代国,战国初被赵襄子所灭,其侄赵周受封于此。战国末期赵国为秦攻破,赵公子嘉由邯郸出奔到代,自立为代王。后代国终为秦灭,居住此地的古代国和迁徙来的赵国王公贵族后裔中遂有改姓代者。至北周宣帝改代郡为蔚州后,代姓中又有改姓蔚者,蔚姓由此而始。

越:夏禹后裔夏朝第六代王名少康,少康庶子名无余,建立越国,都城会稽(今浙江绍兴),战国时越被楚灭,王族后裔以国名越为姓。

夔(kuí):西周时成王封熊绎建立楚国,其子熊挚受封于夔(今湖北秭归东)建夔国。后楚国以夔不敬祀先祖为借口灭掉了夔,熊挚的后代为免受株连纷纷改姓避祸,有改熊字为能字做姓氏者,有改以封国夔字做姓氏者。

隆:春秋时鲁国境内有隆邑,居住此地的人后便以隆为姓。

师巩厍聂，晁勾敖融。
冷訾辛阚，那简饶空。

【注释】

师：上古至先秦负责掌管音乐的官员称做师，如轩辕时的司乐师延，传说他拊一弦琴则地祇皆升，吹玉律则天神俱降，听遍诸国乐声，可以从其中分辨出兴亡之兆。商代乐官师涓为商纣王制靡靡之音，武王伐纣时师涓投河自杀。春秋时卫国乐官也称师涓，晋国著名乐师为师旷。这些乐师的后代多以师为姓。

巩：周敬王时有同族姬姓卿士简公封邑于巩（今河南巩义），世称巩简公，他在辅佐敬王时主张选贤任能，弃用了不少姬姓王族子弟而录用了大批远道前来的异姓诸侯国人才，结果遭致王侯子弟的不满而被诛杀，简公的子孙后遂以封地巩为姓。

厍（shè）：厍为库的俗字，古代有守库大夫官职，其后代则有以库或厍为姓者。又我国少数民族中多有厍狄、厍门、厍傉官等复姓或三字姓，在与汉民族的融合过程中不少改成了单姓厍或库姓。

聂：春秋时齐国有丁公封支庶子孙于聂（在今山东境内），子孙后代遂以聂为姓。一说是卫国大夫（或说是楚国大夫）封地于聂，因以为姓。

晁（cháo）：西周时景王姬贵小儿子姬朝在王位争夺中失败，被迫出逃至楚国，子孙后以朝的同音字晁为姓。又晁与鼌通，所以鼌姓亦作晁姓，例如西汉著名刑名家、景帝御史大夫鼌错，今多写做晁错。

勾：传说上古有木正、火正等五行之官，木正为春官，主掌天地四时万物生死。勾芒氏为少昊时木正，其后代以勾为姓，勾姓又演化出句（gōu）姓、钩姓，实为一源。

敖（áo）：传说颛顼帝有老师名太敖，其子孙遂以敖为姓。又春秋时
　　楚国称被废被杀没有谥号的国君为敖，他们的后代也有以敖为
　　姓者。

融：传说高辛氏帝喾的火正祝融，执掌火事，他是颛顼后代老童之
　　子，祝融子孙中有以祝或融为姓者。

冷（lěng）：传说黄帝时有乐官名泠（líng）伦，古代乐律就是由他发明
　　创定的，泠与伶通，故乐官、乐人后便称做伶人，他们的后代遂
　　有以泠或伶为姓者。又因为寒冷的"冷"字在表示清凉或象声
　　时可写做泠泠（líng），与泠泠音、义皆同，所以泠姓又有演变成
　　冷姓并读成lěng者。

訾（zī）：古代有訾陬（zōu）国，居其国者遂以訾陬为氏，据说帝喾的
　　一个宠妃即訾陬氏人，訾陬后又演化做单姓訾。一说訾姓原本
　　为祭姓，因祭祀要杀牲，祭姓的后代认为姓"祭"不祥，所以改为
　　字形相近的訾姓，或将祭姓读音为zhài姓。（笔者认为訾又读
　　做zǐ，有诋怨之意，也不能算做褒义吉祥之字，故訾姓来源祭姓
　　之说略显牵强，聊备一说而已。）

辛：夏禹儿子启建立了夏朝，封其支庶子于莘（shēn，今河南开封东
　　南，一说在今山东曹县北），莘国也称有辛、有莘、有侁（shēn）国，
　　其后人遂以地名莘或辛等为姓，商汤所娶有莘氏即其国之女。
　　又今陕西合阳东南亦曾是古代莘国故地，姒姓，周文王妃太姒
　　即此国之女，居此国者也有以莘或辛为姓者。

阚（kàn）：春秋时齐国大夫止曾居住于阚（今山东汶上西南），世称
　　阚止，他的子孙遂以阚为姓。一说黄帝后裔南燕国（与北方燕
　　国并非一国，在今河南延津东北）王族中有封于阚邑者，后代以
　　阚为姓。

那（nuó，或读nā）：春秋时诸侯小国权国（在今湖北当阳东南）被楚
　　所灭，楚把权人迁徙至那城（故城在今湖北荆门东南），权国王

公后裔遂有以那为姓者。

简：春秋时晋国大夫狐鞠居食邑于续，号续简伯，他的后人或以简
　　为姓，或以续为姓，或以狐为姓，故简姓、续姓、狐姓同源同宗。

饶：战国时赵悼襄王封长安君于饶（在今河北界内），其子孙遂以饶
　　为姓。又战国时齐有大夫食邑于饶，他的子孙后代也以饶
　　为姓。

空：古代有小国名空，居其地者称空侯氏，空侯氏后代遂以空为姓。
　　又商代始祖名契，契的后裔中有封于空桐（今河南虞城）者，子
　　孙遂以空桐为姓，继而又演化出单姓空。

曾毋沙乜，养鞠须丰。
巢关蒯相，查後荆红。

【注释】

曾：相传夏禹之后第五代君少康中兴夏室后，封小儿子曲烈于鄫
　　（今山东苍山西北），建鄫国，历夏、商、周三代至春秋时被莒国
　　所灭。鄫国太子出逃到鲁国为官，其子孙后将原国名鄫去掉偏
　　旁邑（即右阝），表示离开了故国都邑，只留曾字以为姓。

毋（wú）：战国时齐宣王封其弟食邑于毋邱，以延续田氏齐国的祖
　　　祀，其子孙后代遂以毋为姓。

沙：相传神农氏即炎帝时有大臣夙沙氏，他的后代遂有以沙为姓
　　者。又春秋时商纣王庶兄微子启后裔中的一支受封食邑于沙
　　（今河北大名东），子孙后代以沙为姓。

乜（niè）：春秋时卫国有大夫封邑于乜，子孙后代遂以封邑乜为姓。

养：春秋时吴国公子掩余、烛庸出逃至楚国，楚王封赏他俩大片田
　　地以做养地食邑，其故址在今河南沈丘东与安徽界首西之间，
　　他们的后代遂以养为姓。

鞠（jū）：相传周族始祖后稷的孙子出生下来时手心有菊形花纹，因古代菊与鞠字相通（一说生而有纹在手称做鞠），所以给他起名叫鞠陶，鞠陶后代遂以先祖名中鞠字为姓。

须：相传中古时东夷族首领太皞（hào）即伏羲氏的后裔，春秋时期先后在济水流域建立了须句、任、宿、颛臾等国，其中须句国人后来便以须句或须为姓。一说燕国有附庸小国密须国，密须国公族后代遂以密或须为姓。

丰：西周初周文王灭了商朝崇侯虎的封国酆（今陕西西安鄠邑区），将其改作酆邑，武王灭商后封其弟（文王第十七子）于酆为酆侯，酆侯子孙后去偏旁邑字作豐（丰）为姓。又春秋时郑穆公有子名丰，子孙遂以丰为姓。

巢：相传远古时代巢居的发明者教民构木为巢居住在树上，以避免野兽侵袭，史称有巢氏。夏禹时封有巢氏后人建巢国，巢国人遂以巢为姓。

关：夏朝末年有贤臣龙逢，因其封邑于关，世称关龙逢。当时夏帝桀荒淫暴虐，沉溺酒肉，不理朝政，关龙逢屡屡直谏触怒了暴君夏桀，结果被囚禁杀死，关龙逢子孙后便关为姓。

蒯（kuǎi）：春秋时卫灵公太子蒯聩（kuì）欲杀灵公夫人南子，灵公大怒，蒯聩被迫出逃到晋国。后卫国内乱，蒯聩趁机回国即位，是为卫庄公，卫庄公后裔子孙遂以蒯为姓。一说晋国大夫蒯得后代以蒯为姓。一说商代有蒯国，故址在今河南洛阳一带，其国人后遂以蒯为姓。

相（xiàng）：夏朝第五代王名相，建立都城相里，故城在今河北界内，居住相里的王族后裔遂以相为姓。又商朝第十二代君名河亶甲，也曾居于相地，他的后代中亦有以相为姓者。

查（zhā）：春秋时，齐顷公有子食邑于楂（zhā），"楂"通"楂"，故其后代子孙以楂为姓，后又去掉木字旁改姓查。

後（hòu）：传说古代东夷族首领太皞裔孙中有名後照者，他的子孙
　　遂以後为姓。此"後"姓不同于"后"，"后"姓另有起源。

荆：西周时鬻熊立国荆山一带，建都丹阳（今湖北秭归东南），称荆
　　国，为楚国前身，故楚国也称为荆楚，楚国后裔子孙中遂有以荆
　　为姓者。

红：西周周夷王时，楚王熊渠趁周室衰微，不断兴兵吞并周围小国，
　　并封长子熊挚为鄂王。熊挚字红，故其支庶子孙中有以其字红
　　为姓者。又汉高祖刘邦后代中有楚元王刘交，刘交之子刘富封
　　地于红，刘富子孙后代遂以封地红为姓。

游竺权逯，盖益桓公。
万俟司马，上官欧阳。

【注释】

游：春秋时郑穆公有子名偃，字子游，其子孙以其字游为姓。又晋
　　国桓、庄之族后裔有游姓。

竺（zhú）：商朝末年孤竹国君长子伯夷与次子叔齐争让君位，后双
　　双投奔了周，武王灭商后他俩因不食周粟而死，他们的后代中
　　有以原国名中竹字为姓者，后又有改竹为竺者。又古代西域天
　　竺国（印度古称）僧徒进入中国后，多以竺为姓，而我国僧人又
　　常有取其师之姓为己姓者，如南朝宋时庐山名僧竺道生，本姓
　　魏，出家后就以其师竺法汰之姓为姓。

权：商朝二十二代王武丁裔孙封地于权（今湖北当阳东南），其子孙
　　遂以权为姓。

逯（lù）：战国时秦有大夫封邑于逯，子孙遂以逯为姓。又楚国公族
　　中有逯姓。

盖（gě）：战国时齐有大夫食邑封于盖（今山东沂水西北），子孙以盖

为姓。

益：相传帝舜时掌管刑法的大臣皋陶有子名伯益，伯益为禹重用，助禹治水有功，被禹选为继承人，后被禹子启所杀。伯益支系子孙中有以益为姓者。

桓（huán）：相传黄帝时有大臣名桓常，其子孙遂以桓为姓。又春秋时宋国国君宋桓公后代，以其祖先谥号桓为姓。又南北朝时北魏鲜卑族有乌丸氏，魏孝文帝迁都洛阳后，乌丸氏改汉姓为桓。

公：春秋时鲁昭公有两个儿子，名衍与为，他们的封爵是公、侯、伯、子、男中的第一等即公爵，所以世称公衍、公为，其子孙以祖上封爵为姓，遂有公姓。

万俟（mò qí）：南北朝时期北魏孝文帝迁都洛阳，改鲜卑王族拓跋氏为汉姓元，故北魏亦称元魏。在孝文帝倡导下鲜卑族纷纷改姓汉姓，魏献文帝之弟即孝文帝的叔叔这个家族，被赐改称复姓万俟。

司马：传说古代东夷族首领少皞设官职司马，执掌军政大事。但文献记载司马一职始见于西周，春秋战国至汉代一直沿用，负责军政、军赋，周宣王时程伯休父任司马，他的后代遂以司马为姓。

上官：春秋时楚庄王小儿子名子兰，官为上官大夫，他的子孙遂以其官职上官为姓。又在今河南滑县东南三十多里处古时有上官邑，是河南通向河北的通道，居住此地的人遂有以邑名为姓者。

欧阳：战国时，越王勾践第五代孙越王无彊（qiáng）被楚威王杀死，越国被灭。无彊之子蹄被楚王封于乌程欧余山（在今浙江吴兴）南面，因山南为阳，故世称其欧阳亭侯，子孙后遂以欧阳为姓。

夏侯诸葛，闻人东方。
赫连皇甫，尉迟公羊。

【注释】

夏侯：西周时夏禹后裔东楼公被封于雍丘（今河南杞县），建杞国。战国时杞简公被楚所灭，简公之弟佗（tuō）出逃奔鲁，鲁公认为佗乃夏禹之后，尊称为夏侯，佗的后代遂以夏侯为姓。

诸葛：相传远古有葛天氏部落，夏代诸侯葛伯即葛天氏后裔。葛伯其国被商所灭后，他的支族中有一支迁至诸（今山东诸城西南），并以迁居地名诸，加上原诸侯国名葛，组合成复姓诸葛。

闻人：春秋时鲁国大学问家少正卯因与孔子政见不同被杀，少正卯曾与孔子同时讲学，他的影响力使得孔子门下三盈三虚，在当时闻名远近，号称"闻人"，子孙在其被杀后遂以闻人为复姓，或单姓为闻。

东方：相传伏羲氏创八卦，以震为尊，认为震是雷之象，万物均出于震，与之对应的方位为东方，是太阳神居住之地，伏羲后裔中遂有以东方为姓氏者。

赫（hè）连：东汉时长期活跃于漠北的匈奴族开始分裂为两部，留居当地的称北匈奴，南下的称南匈奴。南匈奴右贤王刘豹子后代刘勃勃拥兵自立，号称大夏天王，自创姓氏称赫连，因赫有显耀盛大之意，故赫连意思是光辉显赫与天相连。

皇甫（fǔ）：春秋时宋戴公有子名充石，字皇父，曾任周太师，子孙遂以皇父或皇为姓。汉代时，皇父氏族后裔皇父鸾徙居于茂陵，将姓中的父字改为甫字，这一家族后遂姓皇甫。

尉迟（yù chí）：南北朝时北魏孝文帝迁都洛阳，鲜卑族纷纷改姓汉姓，与鲜卑拓跋部落一起南迁的尉迟部落，从此就以尉迟为姓。

公羊：春秋时鲁国有贵族公孙羊孺，他的子孙后代取其姓和名中各一字组成又一复姓公羊。

澹台公冶，宗政濮阳。
淳于单于，太叔申屠。

【注释】

澹台（tán tái）：春秋时孔子弟子灭明因家住鲁国澹台山（今山东嘉
祥南），故以澹台为姓，称澹台灭明，他的子孙以后均以澹台
为姓。

公冶：春秋时鲁国季氏之族有大夫季冶，字公冶，子孙遂以其字
为姓。

宗政：汉高祖之弟楚元王刘交之子刘郢客官为宗正，封上邳侯，统
掌皇族事务，他的后代遂以其官名宗正为姓，宗正也做宗政，故
其姓后改作宗政。

濮阳（pú yáng）：古代称山之南水之北为阳，濮阳（今属河南）为春秋
时卫国都城，在濮水之北，居住于此的王公贵族后代遂以都邑
之名为姓。

淳于（chún yú）：夏朝时有斟灌国，周武王时封淳于公在此建淳于国
（今山东安丘东北），后被杞国所灭。杞文公时杞国迁都淳于，
战国时杞国又被楚国所灭。居住于此的原淳于国公族贵戚中，
遂有以故都名称为姓者。

单于（chán yú）：汉代时匈奴称其君长为单于，意思是像天一样广大
高远，匈奴左贤王去卑单于归降汉朝后，即以其君位之称单于
为姓。

太叔：春秋时卫文公儿子姬仪，人称太叔仪，姬仪后代遂改姬姓为
太叔。又郑庄公弟弟段封邑于京，世称京城太叔，他的子孙也
有以太叔为姓者。

申屠：传说上古神农氏主掌四时、方岳之官称四岳，其后裔于周代时封国于申（故地在今河南南阳北），世称申侯。申侯支裔孙居住在安定（在今河南境内）的屠原，其子孙后遂以封国申与居住地屠合为复姓申屠。一说夏代有贤人名申徒狄，申徒后转写为申屠，申徒狄后代遂以之为姓。一说春秋时楚有官职称申屠，子孙后代以祖上官称为姓。

公孙仲孙，轩辕令狐。
钟离宇文，长孙慕容。

【注释】

公孙：春秋时列国诸侯王位按例由嫡长子继承，继位前称太子，太子的兄弟称作公子，公子的儿子称公孙，公孙的儿子如果没有封邑爵号的一般皆以公孙为姓，追本溯源可知姓公孙的人非常多，并非一族一姓的后人。一说黄帝本姓公孙，因居姬水故改姓姬，姓公孙者为黄帝之后。

仲孙：春秋时鲁桓公次子名庆父，因排行第二，故称仲庆父、共仲，又称孟氏。庆父弑君作乱，畏罪出逃，后自缢而死，他的子孙遂改姓仲孙或孟孙。

轩辕（yuán）：传说中中原各部族的共同祖先黄帝号轩辕氏，所以黄帝后裔子孙中有以轩辕为姓者。

令狐（líng hú）：周文王第十五子毕公高的裔孙魏颗，与其父魏犨（chōu）一样均为春秋时晋国名将，魏颗以战功受封于令狐（今山西临猗西），子孙遂以封邑令狐为姓。

钟离：春秋时晋国有大夫伯宗，因遭受谗言被杀，其子伯州黎出逃到楚邑钟离（今安徽凤阳），伯州黎的后代遂以钟离为姓。

宇文（yǔ wén）：鲜卑族有部落首领名普回，据说普回有一次外出狩猎时拾获玉玺，上刻文字为"皇帝玺"，普回认为此玺是上天所授，而鲜卑族俗称天子为"宇文"，故普回改称自己部落为宇文，从此该部落遂以宇文为姓。

长孙（zhǎng sūn）：北魏道武帝拓跋珪（guī）的曾祖拓跋郁律的长子沙英雄，号拔拔，是鲜卑族南部首领；拓跋郁律的次子就是道武帝的祖父。沙英雄的儿子名嵩，按辈分排列应是皇室家族中的长房裔孙，所以道武帝拓跋珪建立北魏后封其为北平王，授官太尉，并赐姓长孙，长孙一姓自此而始。

慕容：鲜卑族涉归单于自称仰慕天地二仪之德，承继日月星三光之容，因此改用慕容为自己部落的姓氏。

鲜于闾丘，司徒司空。
亓官司寇，仉督子车。

【注释】

鲜于（xiān yú）：相传西周初武王封商纣王的诸父、贤臣箕子于朝鲜，箕子旁支子名仲，食邑封在了于地，仲的子孙后遂以祖上封邑中的鲜和于，组合成姓氏鲜于。

闾丘（lǘ qiū）：春秋时齐国大夫婴居住在闾丘，世称闾丘婴，子孙后代遂以闾丘为姓。

司徒：相传帝喾之子契因助禹治水有功，被舜任命为司徒，掌管教化，契的后代中遂有以司徒为姓氏者。司徒也作司土，夏商周至春秋时期主要掌管国家的土地民众、田赋徒役，汉代以后司徒官职渐高，职权相当丞相。故祖上担任司徒官职之人的后代子孙，遂以司徒为姓氏。

司空：西周时司空为六卿之一，主管建筑和制作业，春秋时夏禹后裔晋国的士蒍（wěi）担任司空，子孙后代遂以司空为姓。

亓官（qí guān）：古代插定发髻（jì）和弁冕的簪子称笄（jī），弁（biàn）
　　是贵族戴的一种帽子，冕是帝王、诸侯及卿大夫所戴的礼帽。
　　自周代开始设立了专门执掌王侯冕服与等制的礼官弁师，又称
　　笄官，因"笄"与"亓"通，所以也称亓官，他们的后代中遂有以祖
　　上官职为姓者。

司寇：西周时六卿之一，主管刑狱，周武王时苏忿生为司寇，春秋时
　　卫灵公之子公子郢的后代也担任过司寇，他们的子孙遂以司寇
　　为姓。

仉（zhǎng）：春秋时鲁国有大夫党（zhǎng）氏，是周公族之后，因"党"
　　与"掌"音同，故又演化出掌氏，"掌"与"仉"通，故又有仉氏，所
　　以党、掌、仉三姓不仅读音相同，而且源出一宗。

督：春秋时宋国大夫华父督的子孙以其祖名字中的督字为姓。又
　　战国时燕国督亢之地（今河北易县、涿州、固安一带）最为肥沃，
　　燕太子丹为刺杀秦王，派荆轲带着夹藏匕首的督亢地图假作进
　　献秦王的礼物，结果行刺失败荆轲被杀，督亢之人因此有以督
　　为姓者。又汉末少数民族"板盾七姓"中，有改称汉姓督氏者。

子车：春秋时秦国有大夫子车氏，其族人中子车奄息与子车仲行、
　　子车鍼虎三位贤臣同时辅佐秦穆公，号称"三良"。秦穆公卒，
　　以三良殉葬，国人哀伤而赋诗《黄鸟》，今复姓子车即为秦国子
　　车氏的后裔。

颛孙端木，巫马公西。
漆雕乐正，壤驷公良。

【注释】

颛孙（zhuān sūn）：春秋时陈国有公子颛孙在鲁国做官。他的子孙
　　后来便以其名字颛孙为姓。孔子的弟子颛孙师，字子张，据说

就是他的后代。

端木：春秋时卫国人端木赐，字子贡，为孔子弟子。子贡有雄辩之才，田常代齐时本想出兵伐鲁，孔子打算选派弟子游说田常而救鲁国，子路、子张、子石争相请行，孔子却点名叫子贡赴齐，结果子贡先后游说田常、吴王，越王、晋君，造成了史籍所称"存鲁，乱齐，破吴，强晋而霸越"的局面，子贡后代遂以其祖之名中的端木二字为姓。

巫马：周代设有巫马官职，掌管疗治马病等事务，子孙遂以祖上官职为姓，孔子弟子巫马期的先人就是周朝时的巫马官。

公西：春秋时鲁国国君桓公的儿子名季友，季友的后裔季孙氏家族自鲁文公以后世代为大夫，权倾一时，以至鲁国公室日益衰卑。季孙氏中有一支子孙后以公西为姓，孔子弟子公西赤即其族人。

漆雕：春秋时鲁国的漆雕氏中有漆雕开、漆雕哆、漆雕徒父三人同时成为孔子弟子。其中漆雕开，字子若，喜读《尚书》，不乐做官，最为孔子赏识，漆雕一姓由此为人广知。

乐正（yuè zhèng）：周代设有大小乐正官，掌管礼乐教化，其后代遂有以祖上官职乐正为姓者。

壤驷（rǎng sì）：据说周代时已有壤驷氏族，但最早见于史籍的是春秋时的孔子弟子壤驷赤，字子徒（一说字子从），以《诗经》、《尚书》见长，复姓壤驷者一般认为壤驷赤即其先祖。

公良：春秋时陈国有公子名良，他的后代遂以公良为姓，孔子弟子公良儒，字子正（一说字子幼），就是出自这一氏族。孔子经过蒲地时被蒲人所困，公良儒驾车仗剑为孔子解围，深得孔子赞赏。

拓跋夹谷，宰父榖梁。

晋楚闫法，汝鄢涂钦。

【注释】

拓跋（tuò bá）：鲜卑族政权北魏王朝自称是黄帝之后，受封于北土，谓黄帝以土德王，而鲜卑语称土为拓，称君主为"跋"，故北魏皇族以拓跋为姓氏。孝文帝拓跋宏迁都洛阳后，以《周易》解释"元"为万善之始，遂改拓跋为汉姓元，所以北魏在历史上亦称拓跋魏或元魏。

夹谷：满族的祖先自五代十国时称女真，到辽代时完颜阿骨打统一各部建立金王朝，金代女真族有加古部落，后来写成夹古，遂成为复姓为子孙沿用。

宰父：周代设有掌管朝议、考核官员职守等级的宰夫官职，后演化成复姓宰父。孔子弟子宰父黑即出自此氏族。

穀梁（gǔ liáng）：春秋时鲁国有大夫食邑封于穀梁，后代遂以先人采邑为姓。孔子弟子子夏的学生战国鲁人穀梁赤，即这一氏族的后人，他后来为《春秋》作传，与《左传》、《公羊传》并称"春秋三传"。一说古代种植穀梁的氏族后代以穀梁为姓，后改梁作梁，遂姓穀梁。

晋：西周时周成王封其弟叔虞建唐国，唐叔虞儿子燮继位后因唐国南有晋水，改封国称晋，自称晋侯，晋侯后裔遂以晋为姓。

楚：西周时鬻熊立国于荆山，建都丹阳（今湖北秭归东南），至其裔孙熊绎受封于周成王，被称为楚子（子爵），其国则称为楚、荆楚或荆蛮。之后楚国疆土不断扩大，并迁都至郢（今湖北江陵西北），楚国被秦所灭后，公族后裔遂以楚为姓。

闫：西周时周武王封周太伯（太王古公亶父的长子）曾孙姬仲弈于阎乡，其后人遂有以阎为姓者。阎与闫通，故闫姓与阎姓同宗，是阎姓的别支。

法：战国末期田齐被秦国所灭，齐襄王的子孙为避祸不再称田姓，而改以襄王名字法章中的法字为姓。

汝：西周末年幽王被杀，太子宜臼东迁洛邑（今河南洛阳），建立东周，史称周平王。周平王封少子于汝（今河南境内），其子孙后以封地汝为姓。一说殷商有贤人名汝鸠，汝鸠后代遂以汝为姓。

鄢（yān）：春秋时郑国有鄢邑（今河南鄢陵），《左传》载"郑伯克段于鄢"，记郑庄公讨伐反叛的弟弟共叔段至鄢邑，指的就是此地，鄢人后代遂以邑名为姓。

涂（tú）：相传夏代有涂山氏，其后代去了山字以涂为姓。又古有涂水（即今安徽东北部的滁河），居住水畔的人们遂以涂为姓。

钦（qīn）：我国古代少数民族东胡的别支，于秦末被匈奴所灭，避祸迁徙至乌桓山（今内蒙古阿鲁科尔沁旗北），由此改称乌桓族。乌桓族亦称乌丸族，其中的钦志贲（bēn）部落后裔子孙，在民族融合中改称汉姓钦。

段干百里，东郭南门。
呼延归海，羊舌微生。

【注释】

段干：春秋时道家学派创始人、思想家老子的儿子李宗为魏国大将，受封邑于段干，其子孙后代以封地段干为姓。

百里：春秋时秦国大夫百里奚（姓百，名奚，字里）原为虞国大夫，虞亡后被晋国俘获当作陪嫁之臣送入秦国，后来一度出走入楚，又被秦穆公用五张黑公羊皮赎回用为秦国大夫，世称五羖（gǔ）大夫。百里奚与蹇叔、由余等共同辅佐秦穆公成就霸业，其子孙后代遂以百里为姓。

东郭：古代城邑筑有城墙围护，称做城；在城的外围再加筑的一道城墙则称做郭。周代齐国公族大夫居住于国都郭墙内东、南、西、北方的，分别有以东郭、南郭、西郭、北郭为姓氏者。

南门：商汤时贤臣蠕居住在都城南门，人称南门蠕，其子孙遂以南
　　门为姓。一说当时有负责开启、关闭都邑南门的管城官，他的
　　后代于是以南门为姓。

呼延：秦汉时散居我国北方大漠南北的匈奴族有呼延（也写作呼
　　衍）、兰、须卜三个贵族部落，匈奴鲜卑族拓跋部建魏并南迁洛
　　阳后，呼延则成为了北魏的一个复姓。

归：周代有小国名胡或胡子，故址在今安徽阜阳西北，春秋时被楚
　　所灭。胡子国公族中有归姓，即今归姓公认的始源。

海：春秋时卫灵公有大臣海春，被海姓公认为是氏族的先祖。

羊舌：春秋时晋国公族靖侯封食邑于羊舌，后代遂以其封邑为姓。

微生：周代宋国始祖微子启的后裔中有以微为姓者。微生氏族认
　　为自己的先祖是出生于微家，故姓微生，所以微生与微两姓同
　　源同祖。一说鲁国有贵族微生氏，即微生姓氏的渊源所自。

　　　　　岳帅缑亢，况后有琴。
　　　　　梁丘左丘，东门西门。

【注释】

岳：相传唐尧时设有掌管四方诸侯的大臣，称之为四岳（一说四岳
　　为羲和的四个儿子），四岳的后裔中有以岳为姓者。

帅：上古至先秦掌管音乐的官称作师，其后代遂以师为姓。西晋时
　　为避景帝司马师讳，将师姓去掉一横改姓帅，遂有帅姓。

缑（gōu）：西周时有卿大夫封食邑于缑（今河南偃师东南），子孙遂
　　以缑为姓。又北魏鲜卑有渴侯氏，孝文帝迁都洛阳后改渴侯为
　　汉姓缑。

亢（kàng）：西周诸侯国宋国开国君主微子启后裔有伉氏，其后代有
　　去掉人字旁以亢为姓者。又春秋时卫国大夫三伉的后人以亢

为姓。又战国时齐国有亢（gāng）父邑，地势十分险要，故址在今山东济宁南，受封镇守亢父的士大夫后裔中，亦有以亢为姓者。

况（kuàng）：据说三国时蜀国有况长宁，是况姓之始见。一说况姓出自庐江郡，庐江郡即春秋时舒国，在今安徽合肥一带。明代苏州知府况钟，江西靖安人，以刚直清廉、断狱公正见称，是史籍中为数不多的况姓名人，但亦有人考证说况钟先祖姓况乃黄姓所改。

后：相传与颛顼争帝而发怒头触不周山的共工氏，有个儿子名句龙，句龙担任后土一职，掌管社稷，即田地和五谷。后土自夏、商、周三代以来，被尊奉为土地之神，句龙的后代遂以其官职为姓，称后氏。

有：相传远古巢居的发明者为有巢氏，有巢氏的后代中遂有以有字为姓者。一说孔子的弟子有若，字子有，是有姓的先祖。

琴：春秋时卫国人琴牢，字子开，又字子张，为孔子弟子，他的后代遂以琴为姓。一说古代世世相承的琴师子孙中有以琴为姓者。

梁丘：春秋时鲁国有邑名梁丘，故址在今山东成武东北，有卿大夫封邑于此，后代遂以梁丘为姓。齐景公有下大夫名梁丘据，即出自其族。

左丘：春秋时鲁国有太史左丘明，相传是周代史官之后，世代为史，故以左为姓，名叫丘明。一说他因家住左丘，名叫明，故称左丘明。左丘明家世代担任史职，故他能搜罗到列国之史以解释《春秋》，著有《春秋左氏传》和《国语》。今复姓左丘者，均以左丘明为其先祖。

东门：春秋时鲁庄公之子公子遂，字襄仲，因居住在都城东门，世称东门襄仲。鲁文公死后他借助齐国之力而立鲁宣公，其子归父也因此受宠于宣公，他们的后代遂以东门为姓。

西门：春秋时郑国有大夫居住于都城西门，后代遂以之为姓，战国
　　魏文侯时邺令西门豹即出此氏族。

商牟佘佴，伯赏南宫。
墨哈谯笪，年爱阳佟。

【注释】

商：相传黄帝之兄有孙封地于商（今陕西商州东南），遂以商为姓。
　　一说商纣王有贤臣商容，他的后代于是以商为姓。又周武王灭
　　商后，商朝公族后代以故国名为姓。又战国时卫国人公孙鞅在
　　秦孝公支持下任秦国左庶长，两次在秦实施变法，并因战功受
　　封商十五邑，号称商君，秦孝公死后他被秦国贵族车裂，子孙遂
　　以商为姓。

牟（móu）：春秋时有牟子国，故址在今山东莱芜东，相传是帝喾火官
　　祝融后裔的封国，国人遂以牟为姓。

佘（shé）：佘姓起源不详，因古代有佘字而无佘字，或是从佘姓演化
　　而来，佘姓先祖为春秋时晋人由余。又春秋时齐国有邑名佘
　　丘，齐国公族中有食邑封于此者，后代遂姓佘丘，佘姓或由佘丘
　　演化而成。一说佘丘应作蛇丘，亦作佘丘。另说五代时有余姓
　　音讹作沙姓，又写作佘姓。总之，佘姓晚于余姓，由余姓声、形
　　讹变的可能性极大。书册上最早著录的是唐代太学博士佘钦；
　　而百姓知道佘姓大多是因为小说戏曲《杨门女将》中的佘太君。

佴（nài，又读 mǐ）：佴姓极少见，起源不详，存世书册中以晋代《山公
　　集》中的佴湛为较早。佴还可以读作 èr，是随后、居次的意思，
　　但在词汇中亦极少使用。

伯：相传帝舜时任命伯益为掌管山泽的虞官，后伯益助大禹治水有
　　功，被禹选定为继承人，最后被禹的儿子启所杀，伯益的后代遂

以伯为姓。

赏：春秋时吴国建都吴中（今江苏苏州），赏姓为当时"吴中八姓"之一，亦是赏姓可以查考的最早记载。

南宫：春秋时鲁人南宫括，字子容，为孔子弟子，言行深得孔子赏识，孔子将哥哥之女嫁其为妻。《史记·仲尼弟子列传·索隐》认为括又作縚（tāo），即鲁国大夫孟僖子的儿子仲孙阅，因为居住在南宫，所以以南宫为姓。在《论语》中南宫括又作南容或南宫适，其后代遂继用南宫为姓。

墨：商代孤竹国国君本姓墨胎氏，后改为墨氏。其长子伯夷姓墨名允，字公信；次子叔齐名墨智，字公达，两人皆因耻食周粟而饿死于首阳山中。孤竹国君即墨氏先祖。

哈：我国少数民族回族的姓氏之一。回族的第一大姓为马姓，这是因为回族人民大多信奉伊斯兰教，该教创始人如今译作穆罕默德，而在明清时代"穆"一般译作"马"。除马姓外，哈、白、沙、金也是用的较多的回族姓氏，此外满族中也有一些以哈为姓氏者。

谯（qiáo）：周代召公奭曾佐武王灭商，为燕国开国君主。他的儿子名盛，封地于谯，故址在今安徽亳州一带，其后代遂以谯为姓。又周武王弟弟叔振铎封于曹国，其公族中有食邑封于谯者，子孙后代遂以谯为姓。

笪（dá）：起源不详，宋代时有笪深、笪揆见于书册记载。

年：周代齐国始祖姜太公后裔中有以年为姓者。又有严姓因音近而讹传为年姓者。

爱：唐代西域回鹘国，其先为匈奴族，北魏时称高车或敕勒部，唐初称回纥，与唐一直保持着友好关系并从属唐朝。回鹘有一位国相爱邪勿曾出使唐朝，唐朝皇帝赐其汉姓为爱，名弘顺，其子孙后代遂沿用爱姓。

阳：周代有国名阳，故址在今山东沂水西南，春秋时被齐所灭，国人后遂以阳为姓。又东周景王封其小儿子于阳樊（今河南济源），后为避诸侯间不断战乱举族迁往燕国，遂以原封地中的阳字为姓。

佟：商汤灭夏后，夏朝内史终古归附商朝，终古后代以终为姓，因"终"与"佟"音形相近，后又演化出佟姓。又女真族有佟佳氏，努尔哈赤统一女真各部后建立后金，自号满洲汗，女真亦称满族。满族后金于皇太极时改国号为清，清统一中国后在与汉民族融合过程中，佟佳氏逐渐演变为佟姓。

第五言福，百家姓终。

【注释】

第五：汉高祖刘邦称帝后，将战国原诸侯国王族后裔迁徙至关中，以削弱地方豪强割据势力。因原齐国田氏族大支众，需要迁徙的园陵太多，故从第一至第八按次第划分排序来代替其原来姓氏，划分为第五氏的后人遂以第五为姓。东汉光武帝时，第五氏族有名叫伦，字伯鱼的儒生被举为孝廉，拜会稽太守，以清廉著名当时，汉章帝时擢升司空，其子孙后亦陆续为官，故"第五"一姓因此而显。其余第一、第二等姓渐衰，子孙亦有改回田姓者。

言：春秋时吴人言偃，字子游，为孔子弟子，任鲁国武城宰，以礼乐教化治理武城人，其后代遂以言为姓。

福：春秋时齐国有大夫名福子丹，当为福姓始祖。又清代满族富察氏、蒙古族旺察氏等都有以福为称谓者，如康熙时进士、大学士福敏，乾隆时参赞大臣福禄，乾隆时大将军福康安等。

千字文

奇才巧缀《千字文》

《千字文》出自南朝才子周兴嗣手。周兴嗣（？—521），字思纂，南梁陈郡项（今河南项城）人。祖上曾任汉太子老师，家学素养厚重，本人更是以文学知名当时，深得梁武帝萧衍赏识，授官员外散骑侍郎，奉命编纂国史，著有文集百余卷。

《千字文》原是周兴嗣奉诏编缀的一篇命题文字，篇名为《次韵王羲之书千字》。《梁书》于其虽有记载，但过简略，好在宋人《太平广记》叙述尚详，为我们保存下来了《千字文》成书情况：

据说《千字文》传出后，世人初始一片疑惑，搞不清为什么周文竟是早其一百多年前的东晋书圣王羲之所书写？

原来梁武帝为了教诸王学习书法，让人在王羲之遗墨书迹中拓出一千个不相重复的字，写在纸片上，因零碎杂乱没有次序，于是召周兴嗣说："你才思敏捷，可用此千字给我编一篇韵文出来。"不料周兴嗣仅用一个晚上就编好了，只是他的两鬓也在一夜之间都花白了。

《千字文》以"天地玄黄，宇宙洪荒"开头，用被指定的无一重复的一千个单字，条理贯通叙事有序地吟咏了关于天文、博物、社会、历史、伦理、教育等包罗万象的诸方面知识，且结构严简，文采飞扬，对仗工整，协韵流畅,令人叹服称绝。其既可识字、学书、习文,又可增广见闻,兼能启蒙儒家伦理思想,成为我国历史上综合性蒙学读物的开山之作,对后代如《蒙求》、《三字经》、《龙文鞭影》、《弟子规》等一系列蒙书的编写体例和内容,影响深刻。

《千字文》自隋代开始大为流行。南朝陈末至隋初,王羲之七世孙书法家智永和尚为满足时人需求,曾临摹了《千字文》八百册散发赠友,江南各个寺院也都保留了一本,对《千字文》的广为流传功不可没。到清代《千字文》已成为流传最广、最久的蒙学课本,几乎长幼咸知,以致文书编卷都采用天、地、玄、黄……来排列类分。清初学者顾炎武称赞《千字文》"不独以文传,而又以其巧传",道出了其传世经久的缘故。周兴嗣《千字文》后,唐《梵语千字文》,宋《叙古千字文》、《续千文》、《重续千文》,元《稽古千文》,明《广易千文》、《正字千文》,清《训蒙千字文》、《续千字文》等模仿续貂之作纷纷问世,虽无一能与周文媲美抗衡,但却可以窥见周文影响的非同一般。

李逸安

2011年3月

千字文

【题解】

　　与《三字经》、《弟子规》等一类蒙学读本不同,《千字文》完全是由一千个无一重复的单字连缀而成,所以在谋篇布局上,更可以看出编著者的深厚功力。辽阔无际的宇宙,在孩子们的眼中,永远是那样遥远而神秘,天地何时生成? 日月怎样轮替? 自然会引发他们无穷无尽的想象。《千字文》由此开篇,的确是匠心独运,加之"天地玄黄,宇宙洪荒。日月盈昃,辰宿列张"这种效仿《诗经》的四四句式,音节顿挫抑扬,文字优美流畅,更能启发蒙童琅琅诵读的兴趣。编著者认为,儿童识字就当从日常生活应用开始,所以在一个农耕社会里,四季天时的变化,以及山川物产、蔬果海珍等类文字,也被放置在了重要的开篇部分。

天地玄黄①,宇宙洪荒②。
日月盈昃③,辰宿列张④。

【注释】

①玄黄:天地的颜色。玄,高空的深青色。
②洪荒:古人想象中远古宇宙一片混沌、蒙昧的状态。
③盈:月光圆满。昃(zè):太阳西斜。

④辰宿（xiù）：星辰，星宿。列张：排列分布。

【译文】

苍蓝的上天，灰黄的大地，

混沌的宇宙无边又无际。

太阳东升西下，月儿圆缺轮替，

满天星辰排列自有序。

寒来暑往，秋收冬藏。

闰余成岁①，律吕调阳②。

云腾致雨，露结为霜。

【注释】

①闰（rùn）余成岁：历法纪年与地球环绕太阳运行一周的时间有一定的差余。农历把一年定为354或355天，差余的时间须每隔数年设闰日或闰月加以调整，才能使历法准确无误，正常施行。岁，年。

②律吕：乐律的统称。旧说我国古代用十二个长度不同的律管，吹出十二个高度不同的标准音，称作十二律。十二律从低到高依次排列，奇数各律为阳律，叫"六律"；偶数各律为阴律，叫"六吕"，合称"律吕"。古人将十二律与十二个月相对应，认为可用律吕调阴阳，使时序不相紊乱。

【译文】

一年四季，寒来暑往，

秋天地里收割忙，

冬天粮食囤满仓。

历法纪年，用闰日闰月来调整，

六律六吕，调节时序合阴阳。

云气蒸腾，遇冷化作天降雨，

夜露凝聚,天寒结成地上霜。

金生丽水①,玉出昆冈②。

剑号巨阙③,珠称夜光④。

【注释】

①丽水:金沙江流入今云南丽江境内的一段称丽水,也称丽江,自古出产黄金。

②昆冈:昆仑山。

③巨阙(què):春秋时越王勾践的宝剑,乃欧冶子铸锻的五把名剑之一,后代常用作宝剑的通称。其余四剑称湛庐、胜邪、鱼肠、纯钩(一作纯钩)。

④夜光:传说中夜里可以闪闪发光的宝珠,据说出自南海,为鲸鱼目瞳所变。一说即隋侯珠,隋侯救助了一条受伤的大蛇,大蛇后来便衔了夜光珠来报答他。

【译文】

黄金出产在金沙江畔,

美玉生成于昆仑山冈。

锋利的宝剑号称巨阙,

珍贵的明珠叫作夜光。

果珍李柰①,菜重芥姜②。

海咸河淡,鳞潜羽翔③。

【注释】

①果珍:珍贵的水果。珍,以之为珍。柰(nài):沙果,俗称花红。

②菜重:重要的蔬菜。重,看重。芥:芥菜。种类很多,叶用芥菜可腌制雪里红,茎用可腌榨菜,根用可腌大头菜,种子可磨碎做芥末。芥姜,与上句"李奈"均泛指果蔬。

③鳞:这里泛指鱼类。羽:泛指禽鸟。这句意思是说物产丰饶。

【译文】

果中美味有李子沙果,

日常菜蔬离不开芥菜生姜。

海水咸,河水淡,

鱼儿水里藏,

展翅的鸟儿蓝天任飞翔。

【题解】

千百年来的各式蒙学教育,都特别重视传统文化历史的熏陶作用。本段从伏羲、炎帝等上古传说人物入手,讲述了苍颉造字、嫘祖制衣、尧舜禅位、成汤立国、武王灭商等一系列脍炙人口的历史人物事件,继而引发出对明君圣主无为而治、泽惠黎民,江山一统、四海升平的颂扬。

龙师火帝①,鸟官人皇②。
始制文字③,乃服衣裳④。

【注释】

①龙师:即伏羲氏。相传他用龙给百官命名,故名龙师。火帝:即炎帝。传说炎帝以火纪事,命名百官,并自为火师。

②鸟官:即少皞(hào)氏,也作少昊氏。传说他以鸟为图腾,并用鸟名为官名。人皇:神话传说中的三皇之一,生有九个头,出巡时乘六鸟所驾云车。

③制文字:相传黄帝的史官苍颉创造了汉字。

④服衣裳：传说黄帝之妻嫘祖，为西陵氏之女，创造发明了养蚕治
　　丝法，教民制作衣裳。

【译文】

龙师即伏羲，火帝是炎帝，

鸟官乃少皞，人皇为古帝。

苍颉发明创文字，

嫘祖教民始制衣。

推位让国①，有虞陶唐②。
吊民伐罪③，周发殷汤④。

【注释】

①推位：推让出君位。

②有虞（yú）：有虞氏，即虞舜，名重华。上古部落联盟领袖，后选拔
　　并让位给治水有功的大禹。陶唐：陶唐氏，即唐尧，名放勋。上
　　古部落联盟领袖，挑选并考察了虞舜三年之后，让位给舜，由舜
　　代他行政。

③吊民伐罪：慰问被压迫的百姓，讨伐有罪的统治者。

④周发：西周开国君主武王姬发，他讨伐暴君商纣王，灭商建周。
　　殷汤：殷商国王成汤，他率兵赶走夏代暴君桀，建立了商朝。

【译文】

禅让王位和社稷，

史颂圣君虞舜与陶唐。

安抚百姓讨暴君，

世赞英主商汤、周武王。

坐朝问道①，垂拱平章②。

爱育黎首③，臣伏戎羌④。

遐迩一体⑤，率宾归王⑥。

【注释】

①道：治国方法。

②垂拱：垂衣拱手，不做什么。形容古代帝王无为而治。平（pián）章：辨别彰明。出自《尚书·尧典》："平章百姓。"百姓即百官。意思是辨明百官功劳，论功行赏。

③育：养育教化。黎首：黎元，黎民百姓。

④臣伏戎羌（qiāng）：使戎羌归顺臣服。羌，我国古代民族之一。主要分布在今甘、青、川一带。

⑤遐迩（xiá ěr）：远近。一体：归一，统一。

⑥率（shuài）宾："率土之滨"的省略语，出自《诗·小雅·北山》，意思是四海之内。

【译文】

英明圣君，端坐朝堂，

咨问贤臣，治国良方。

垂衣拱手，无为而治，

考核百官，论功奖赏。

爱戴黎民，抚育百姓。

戎羌臣服，俯首归降。

无论远近，四域八方，

江山一统，四海归王。

鸣凤在竹，白驹食场。

化被草木①，赖及万方②。

【注释】

①化：指大自然生长养育万物。这里比喻君王仁政施布。被：
遍及。

②赖：惠，利。

【译文】

凤凰在竹林间欢快地鸣唱，

小白马驹悠然地觅食在草场。

草木万物沐浴着太平盛世的雨露阳光，

君王的仁德恩泽惠及了天下万方。

【题解】

出于维护封建社会根基永固的目的，《千字文》的编著者同样不忘
向蒙童灌输儒家倡导的三纲五常伦理道德思想。此段从"身体发肤来
自父母，不能随便毁伤，此乃孝道之端"这样简单浅近，易于孩童理解的
道理出发，谈到男女必须注意培养的品德操守。其中一再强调如诚信、
谦虚、珍惜光阴、见贤思齐、兄弟相亲相敬、朋友切磋研习、坚持高雅情
操、不被物欲所累等美德情操，至今都有其积极的教育意义。而像"祸
因恶积，福缘善庆"、"孝当竭力，忠则尽命"一类宣讲因果报应、愚忠愚
孝的观点，我们则应跳出其时代局限，仔细辨析，有所取舍。至于"乐殊
贵贱"、"夫唱妇随"、"女慕贞洁"、"学优登仕"这些带有浓重封建色彩的
思想，就是需要批判和摈弃的糟粕了。

盖此身发①，四大五常②。

恭惟鞠养③，岂敢毁伤④。

【注释】

①盖：发语词。身发（fà）：身体头发。指人体的全身上下所有一切。

②四大：道家以道、天、地、王（一说"王"应为"人"）为四大，佛教以地、水、火、风为四大，认为一切事物道理均来源产生于四大。五常：即五伦，五教。旧时礼教宣讲的君臣、父子、兄弟、夫妇、朋友间五种关系，和父义、母慈、兄友、弟恭、子孝的道德伦理。

③恭惟：恭敬不安地想。鞠养：抚养。

④岂敢毁伤：怎能损毁伤害。《孝经·开宗明义章》记述孔子论孝道说："身体发肤，受之父母，不敢毁伤，孝之始也。"

【译文】

人们的身体发肤，

关系到天地伦常。

虔敬地想着父母的抚养，

哪里敢随便将身体毁伤。

女慕贞洁，男效才良。

知过必改，得能莫忘①。

【注释】

①能：才能，技艺。

【译文】

女子应仰慕操守贞洁之妇，

男人要仿效德才兼备人物。

知道了过错必定要改正，

不可荒废忘掉已有的技能。

罔谈彼短①，靡恃己长②。

信使可覆③，器欲难量④。

墨悲丝染⑤，《诗》赞羔羊⑥。

【注释】

①罔（wǎng）：不可，不要。

②靡（mǐ）：不。恃（shì）：凭借。

③信：诚信。使：使其。覆（fù）：审查。

④器：器量。欲：要，希望达到。量：计算，测量。

⑤墨：墨子，名翟。春秋战国之际思想家、政治家，墨家学派创始人。悲：感叹。丝染：《墨子闲诂·卷一》记墨子见染丝者而叹曰："染于苍则苍，染于黄则黄。"并进而分析环境对人的重要影响。

⑥羔羊：《诗·召南·羔羊》以洁白的"羔羊之皮"来比喻君子品德高洁。

【译文】

不要议论别人有多差，

不要自负自己多么强。

诚信要使它经得起考验，

器量要大到难以被度量。

墨子感叹白丝本质容易被色染，

《诗经》赞美君子品德洁白如羔羊。

景行维贤①，克念作圣②。

德建名立，形端表正③。

【注释】

①景行：高尚的德行。语出《诗·小雅·车舝（xiá）》："高山仰止，景行行止。"意思是仰慕圣贤高尚品德，与之看齐，站到一起。维贤：与贤德相连。维，连系。

②克：克制。念：私欲。作圣：则成为圣贤。作，乃，则。

③端：端庄。表正：外表庄重威严。

【译文】

高尚的德行,唯有向圣贤看齐,

克制私念,就能与他们站列一起。

一旦道德树立,声名定会四起,

形体端直,堂堂正正,外表自具威仪。

空谷传声,虚堂习听①。

祸因恶积②,福缘善庆③。

尺璧非宝,寸阴是竞④。

【注释】

①虚:空荡无物。堂:正屋,殿堂。这里泛指大的屋子。习听:重复
　听到。指有回声。

②恶积:指罪恶积累过多。

③缘:凭靠,因为。庆:吉庆,福。《易·坤·文言》:"积善之家必有
　余庆,积不善之家必有余殃。"

④竞:争逐。这句是说争分夺秒,爱惜光阴。

【译文】

空旷山谷,可以很快传回声,

空荡大屋,声音发出引共鸣。

祸患皆因作恶多端而引起,

福运则是积善行德的余庆。

一尺长的璧玉并非真正是珍宝,

一寸短的光阴不可虚度要力争。

资父事君①,曰严与敬。

孝当竭力,忠则尽命②。

【注释】

①资：供养。事：服事，侍奉。

②尽命：献出生命。

【译文】

供养父母，侍奉君主，

需要严肃与恭敬。

尽孝应该竭尽全力，

忠君则当不惜生命。

临深履薄^①，夙兴温清^②。

似兰斯馨^③，如松之盛。

【注释】

①临深履（lǚ）薄：意思是好像面前就是深渊，好像行走在薄冰上，面临危险要十分小心。这里是说侍奉父母也应如此心存敬畏，谨慎小心。

②夙（sù）兴："夙兴夜寐"的省略语，即早起晚睡。夙，早。温清（qìng，一读jìng）："冬温夏清"的略语。温，指温被使暖。清，凉，谓扇席使凉。

③斯：这样。馨（xīn）：散布很远的香气。

【译文】

如临深渊，如履薄冰，

早起晚睡，侍奉双亲。

冬天温被使暖，夏天扇席使凉。

孝行如兰草，芳香不断，

品德像松柏，茂盛久长。

川流不息，渊澄取映①。

容止若思②，言辞安定。

【注释】

①澄（chéng）：水清。取映：可用来映照。

②容止：仪容举止。若思：好像在思考。

【译文】

河水日日夜夜奔流不停息，

潭水宛若明镜清澈可照人。

仪容举止似思索般安详沉静，

言语对答要从容，恰当又稳重。

笃初诚美①，慎终宜令②。

荣业所基，籍甚无竟③。

【注释】

①笃（dǔ）：诚厚，认真。初：初始，开头。诚：的确。

②慎终：事情开始时已充分考虑最终结果，慎重对待，坚持完成。

　宜令：就当赞美。令，美，善。

③籍（jí）甚：盛大，多。竟：穷尽，完。

【译文】

真诚认真地开始，确实很美好，

始终如一的坚持，更让人称颂。

光辉荣耀的事业，德行是基础，

根基强大又坚实，前途无止境。

学优登仕①,摄职从政②。

存以甘棠③,去而益咏④。

【注释】

①登仕:登上仕途,做官。

②摄职:代理官职。这里既可泛指做官,又可与下文关联,喻指召
　伯辅政之事。摄,代理,辅佐。

③甘棠:即棠梨树。旧说西周时召伯巡行南方,宣扬文王之政,曾
　在甘棠树下处理政事,后人怀念他的政绩,保存下来甘棠树而不
　忍砍伐。"甘棠"也成为了后代称赞地方官吏的颂词。

④去:指召伯离开。益:更加。咏:用诗歌赞颂。

【译文】

书读好了就能做官,

可以担任职务,参与国政。

做官就要像召伯一样:

周人留下了为他遮阳的甘棠树,

一直舍不得砍伐,

虽然他已离去了,

却越发被百姓怀念和歌颂。

乐殊贵贱①,礼别尊卑。

上和下睦,夫唱妇随。

【注释】

①殊:不同。

【译文】

音乐要依照身份的贵贱有所不同，

礼节要区别出地位的长幼卑尊。

上上下下要做到和睦相处，

丈夫倡导的，妻子要附和跟从。

外受傅训^①，入奉母仪^②。

诸姑伯叔^③，犹子比儿^④。

【注释】

①傅：傅父，古代保育、辅导子女的师傅，多由老年男子担任。

②奉：遵奉。母仪：为人母者的典范。

③诸：众。

④犹子：侄子。比：类同。

【译文】

在外要接受师傅训导，

入内要遵奉母亲教诲。

对待姑母、伯伯、叔父，

做侄子的一样要恭顺孝敬，

就像是他们亲生的儿辈。

孔怀兄弟^①，同气连枝^②。

交友投分^③，切磨箴规^④。

【注释】

①孔怀：指非常思念。语出《诗·小雅·常棣》："死丧之威，兄弟孔

怀。"意思是死丧可畏,只有兄弟之亲甚相思念。后也以孔怀代

指兄弟。孔,甚。怀,思念。

②同气:气息相通。

③投分:意气相合,相知。

④箴(zhēn):劝告,规戒。

【译文】

要常关怀自己兄弟,

因为血脉相同,共通气息,

就像连理之树,枝叶永在一起。

结交朋友应当志趣相投,

互相切磋劝戒,一起探讨研习。

仁慈隐恻①,造次弗离②。

节义廉退③,颠沛匪亏④。

【注释】

①隐恻:忧伤哀痛,对别人不幸表示怜悯、同情。

②造次:匆忙,轻易。弗(fú):不。离:指丢失放弃。

③退:谦让。

④匪:不。亏:缺。

【译文】

做人要仁爱富有怜悯心,

不能轻易地丢弃对别人的同情。

气节、仁义、清廉、谦让,是必具的美德,

即使颠沛困顿,也不能丝毫缺损。

性静情逸，心动神疲。
守真志满①，逐物意移②。
坚持雅操③，好爵自縻④。

【注释】

①守真：保持自然本性。志：儒家所指的一种主观精神。这里指心意。满：满足。

②意移：意志改变动摇。移，变化。

③操：品德操守。

④好爵：高官厚禄。自縻（mí）：自我束缚。縻，牵系，束缚。

【译文】

内心清静平和，就能舒适安逸，

心为外物所动，精神则会疲惫。

保持自然本性，知足就会满意，

追逐物欲享受，意志就要衰退。

坚持高雅情操，不被爵禄所累。

【题解】

下面这段，《千字文》集中描绘了帝京王宫的堂皇富丽，王侯将相的骄奢淫逸。放眼亭台楼阁，雕梁画栋；处处觥筹交错，笙歌鼎沸。王公贵胄，世袭罔替；骏马华车，耀武扬威。这些描写，虽说是为了识文认字的需要，但字里行间也透露出了编著者带有时代、阶级烙印的价值取向，是我们在诵读时特别需要注意的。

都邑华夏①，东西二京②。
背邙面洛③，浮渭据泾④。

【注释】

①都邑（yì）：国都。

②二京：汉代洛阳称东京，长安称西京。东汉班固《两都赋》、张衡《二京赋》是描写二都富丽繁华、社会百态的杰作。

③邙（máng）：邙山。在今河南西部，西起今三门峡，东止伊洛河岸。洛：洛水。古人以水北为阳，洛阳地处洛水之北，故称洛阳。

④浮渭：远望长安如同浮在渭水上。渭，渭水，源出甘肃渭源西北，入陕西后横贯渭河平原，至潼关入黄河。据泾：凭依泾水。据，凭靠。泾，泾水，源出甘肃平凉，入陕西后在长安东北的今陕西高陵流入渭水。

【译文】

古来华夏都城，富丽要属二京，

东京即是洛阳，长安则称西京。

洛阳背靠邙山，面前洛水流经，

长安北临渭水，泾水汇入其中。

> 宫殿盘郁①，楼观飞惊②。
> 图写禽兽，画彩仙灵。

【注释】

①盘郁：曲折幽深。郁，也指繁多。

②观（guàn）：楼阙，楼台。惊：令人叹惊。

【译文】

两京的宫殿回环曲折，叠叠重重，

楼台宫阙凌空欲飞，令人叹惊。

宫殿内外画满飞禽走兽，

还有彩绘的天仙神灵。

> 丙舍傍启^①，甲帐对楹^②。
> 肆筵设席^③，鼓瑟吹笙^④。
> 升阶纳陛^⑤，弁转疑星^⑥。

【注释】

①丙舍：宫中的别室，也泛指正室两旁的房屋。傍：通"旁"，旁边。启：开，打开。

②甲帐：汉武帝时所造帐幕以甲、乙等天干数字编次排列，后以甲帐、乙帐代指皇帝闲居游宴休息的地方。对楹（yíng）：殿堂前部的左右两根大柱子。

③肆：摆设。

④鼓：弹奏。瑟（sè）：这里泛指弦乐器。笙（shēng）：泛指管乐器。

⑤纳：进入。陛（bì）：宫殿的台阶。

⑥弁（biàn）：这里指古代官帽，上面缀有珠玉。转（zhuǎn）：移动。这里实际是说头戴珠饰冠冕的官员们穿梭般不停移动，相互祝酒，看上去人丛中只见珠帽转来转去。

【译文】

殿堂两旁敞开着嫔妃的厢房，
左右大柱撑起了皇帝的幕帐。
处处摆设着丰盛的宴席，
弹瑟吹笙乐曲美妙悠扬。
官员们上下台阶互相祝酒，
珠帽转动乍看疑是满天星斗。

右通广内^①，左达承明^②。

既集坟典^③，亦聚群英。

杜稿钟隶^④，漆书壁经^⑤。

【注释】

①广内：汉代内廷藏书殿府，后泛指帝王书库。

②承明：汉代未央宫中的殿名。承明殿旁设有专供侍臣值宿所居之屋，故后以"入承明"为在朝做官的代称。

③坟典：《三坟》、《五典》，传说中我国最古老的书籍，记载了三皇五帝的事迹。这里泛指古代典籍。

④杜稿：东汉杜度奉汉章帝诏所上的草书章奏手稿。后世称为章草。钟隶：汉末钟繇的隶书真迹。后人赞誉其书法为秦汉以来第一人。

⑤漆书：用漆书写的竹简。《后汉书·杜林传》记载杜林曾于西州得到漆书《古文尚书》一卷。壁经：西汉景帝时鲁恭王刘余在曲阜孔子旧宅壁中发现的古文经书，包括《尚书》、《论语》等。

【译文】

朝右转可通往广内大殿，

向左行见到的殿是承明。

广内殿集藏了古籍经典，

承明殿汇聚有文武群英。

典籍中有杜度章草，钟繇隶书，

更有漆简《尚书》,《论语》古经。

府罗将相^①，路侠槐卿^②。

户封八县^③，家给千兵^④。

【注释】

①府：官署通称，也指达官显贵的住宅。罗：分布排列。

②侠（jiā）：同"夹"。槐卿：指三公九卿。周时朝廷种三槐九棘，公卿大夫分坐其下，面对三棵槐树者为三公之位。后因以槐棘指三公之位。

③封：封邑。

④千兵：兵丁上千。战国时秦有千户侯，封食邑千家，为上卿。这里"千兵"与上句"八县"均为泛指。

【译文】

两京城内将相府第星罗棋布，

三公九卿夹道高宅尽显威风。

文臣武将户户享有八县多的封地，

家家还有上千人的护卫亲兵。

高冠陪辇，驱毂振缨①。

世禄侈富，车驾肥轻②。

策功茂实③，勒碑刻铭④。

【注释】

①驱毂（gǔ）：驱车。毂，车轮中心的圆木，中有孔，用以插入车轴，也代指车轮。缨：飘带。

②肥轻：语出《论语·雍也》："乘肥马，衣轻裘。"裘，皮衣。

③茂：勉励。实：事迹。

④勒（lè）：刻。铭：铭文。常刻在碑版器物上赞颂功德。

【译文】

将相们头戴高高官帽，

陪侍帝王的车辇，

看那车轮滚滚，彩饰迎风飘。

生活奢侈又富裕，俸禄得世袭，

驾华车，骑肥马，身着裘皮衣。

功劳记在简册上，以勉慰他们勋业，

还要立碑刻铭，来彰显卓著功绩。

【题解】

这一段从商周时的贤相伊尹、吕尚说起，叙述了诸多名垂青史的历史人物和影响巨大的历史事件。涉及有傅说辅商，周公建鲁，桓公称霸，假途灭虢，合纵连横，韩非立法，萧何制律，四皓佐汉，战国名将，汉代英雄……既教蒙童了解了历史，又为他们树立了建功立业的榜样。

磻溪伊尹①，佐时阿衡②。

奄宅曲阜③，微旦孰营④？

【注释】

①磻（pán）溪：指姜太公吕尚。磻溪在今陕西宝鸡东南，吕尚在此钓鱼，遇周文王，被拜为太师，后辅佐武王灭商有功，封于齐。伊尹：原为奴隶，被商汤起用，任以国政，帮助汤攻灭夏桀。汤去世后，继续辅佐卜丙、仲壬二王，是商初辅国重臣。

②佐：辅佐。时：指时政。阿（ē）衡：商代官名。商汤授伊尹此官，总理国家大政。后以"阿衡"指代辅导帝王，主持国政。

③奄（yān）：西周时古国名，在今山东曲阜东。宅：开辟居住之地。曲阜：今属山东。周武王封周公旦于曲阜，周公因留佐武王而未就封地。成王时，周公使其子伯禽代赴封地，建鲁国，都城曲阜。

④微：如果没有，如果不是。旦：周公旦。孰：谁，哪一个。营：建
  造，经营。

【译文】

伊尹和吕尚，

是辅佐君王的一代名相。

鲁都曲阜建立在古奄国的土地上，

如果不是周公旦，

谁能把鲁国经营成这样？

桓公匡合①，济弱扶倾②。

绮回汉惠③，说感武丁④。

俊乂密勿⑤，多士寔宁⑥。

【注释】

①桓公：指齐桓公，名小白，"春秋五霸"之一。匡合：《论语·宪问》
  称管仲辅佐齐桓公"九合诸侯，一匡天下"，"匡合"即此省略语。
  匡，匡正。合，主持会盟。

②济：救助。倾：危亡。

③绮（qǐ）：绮里季。他与东园公、甪（lù）里先生、夏黄公于秦末汉初
  时隐居商山，时称"商山四皓"。汉惠帝刘盈为太子时因性格柔
  弱，汉高祖一度想改立赵王如意。吕后采用张良计策，令太子卑
  词安车迎四皓并与之游，高祖认为太子羽翼已成，遂打消了改立
  太子的念头。回：使回归。

④说（yuè）：傅说。相传原是服苦役的刑徒，在傅岩筑墙修路，商王
  武丁因梦中感应，知道他是辅佐殷商的圣人，遂寻访得之，任为
  治国之相。感：感应。

⑤俊乂（yì）：贤德之人。密勿：勤勉努力。

⑥多士：英才贤士。寔（shí）：是。宁：安定。《诗·大雅·文王》："济济多士，文王以宁。"意思是人才济济，文王赖之以安邦。

【译文】

齐桓公会盟诸侯，匡正天下，

扶助弱国，拯救危亡，

多亏有了管仲。

绮里季挽回了汉惠帝的太子位，

没让他被高祖轻易就黜废。

因入梦傅说被武丁感应，

由刑徒擢升为治国重臣。

英杰贤士佐君王勉励又勤奋，

人才济济天下平安社稷得安定。

晋楚更霸①，赵魏困横②。

假途灭虢③，践土会盟④。

何遵约法⑤，韩弊烦刑⑥。

【注释】

①晋：诸侯国名。范围在今山西西南部，晋景公后疆域扩展至今山西大部、河北西南、河南北部及陕西一隅。楚：诸侯国名。范围包括今湖北大部及陕西、安徽、河南、湖南等部分地区。更：更替，变换。

②赵：诸侯国名。范围包括今山西中部、陕西东北角、河北西南部。魏：诸侯国名。范围包括今山西南部及陕西、河南、河北部分地区。横：连横。战国时秦国强大，齐、楚、燕、赵、魏、韩等六国联合抗

秦称为合纵；六国中某些国家追随强秦进攻别国叫做连横。秦国采用范雎谋策，远交近攻，与秦接壤的韩、赵、魏最先被灭，所以说"赵、魏困横"。

③假途灭虢（guó）：春秋时晋献公借道于虞国（旧址在今山西平陆东北），去攻灭虢国（在今河南陕州东南至三门峡一带，与虞国接壤）。假，借。

④践土：地名，在今河南荥阳东北。晋文公城濮之战大胜楚军后，在践土主持诸侯会盟，成为"春秋五霸"之一。

⑤何：萧何，西汉高祖时丞相。鉴于百姓对秦苛政的强烈不满，他顺应民意，制订出较为简约的汉代第一部律法《九章律》。约：简约。

⑥韩：韩非，战国末期法家代表人物。提出"法、术、势"三者合一的统治方法，受到秦王嬴政重视，后因遭李斯等陷害，自杀于狱中。弊：害处。这里指受害于。烦刑：烦苛的刑法。

【译文】

晋文公、楚庄王先后称霸主，
赵国、魏国被秦灭受困于连横。
晋献公借道越境将虢国吞并，
晋文公在践土召集诸侯会盟。
萧何遵奉律法从简制订《九章律》，
韩非主张苛刑作法自弊搭性命。

起翦颇牧①，用军最精。
宣威沙漠②，驰誉丹青③。

【注释】

①起：白起。战国时秦国名将，长平之战大胜赵军。翦（jiǎn）：王

翦。战国末年秦国大将,得秦王嬴政重用,先后率军攻破赵、燕,灭掉楚国。颇:战国时赵国名将廉颇。牧:李牧。战国末年赵将,曾于肥(今河北晋州西)大败秦军。

②宣威沙漠:指西汉大将卫青、霍去病、李广。他们率军多次击败匈奴,北方解除了对汉威胁,西边打通了西域之路,宣扬国威,声震大漠。

③丹青:史册。古代丹册记勋,青史记事。

【译文】

战国名将白起、王翦、廉颇与李牧,

个个善于用兵,作战最为精通。

西汉大将卫青、李广还有霍去病,

屡屡击败匈奴,大漠威名远震。

天下到处赞誉,他们卓著功勋,

代代英雄虎将,青史永留英名。

【题解】

神州大地山河壮丽,名胜古迹美不胜收。《千字文》编著者清楚地知道儿童从小学识一些地理山川、人文掌故的重要,所以本段尽管文字所限,着墨不多,却勾画出了禹划九州、秦归一统、泰山封禅、雁关长城、滇池洞庭这般气势磅礴的恢弘图景,令人称奇。

九州禹迹①,百郡秦并②。

岳宗泰岱③,禅主云亭④。

【注释】

①九州:传说系大禹治水后所划分的我国古代九个行政区划或地理区域,后泛指全中国。

②百郡：这里泛指地方行政区域。秦始皇完成统一后，废除周朝分
封制，全面推行郡县制，成为以后中国历代王朝的基本统治模
式。并：合并，统一。

③岳宗：五岳之首。宗，主。岱：泰山别名。

④禅（shàn）：在泰山南侧支脉辟基祭地称为"禅"。在泰山主峰筑坛
祭天称作"封"。云亭：云云、亭亭二山的合称，均为泰山南侧支
脉。相传神农、尧、舜在泰山祭天，在云云山祭地；黄帝祭地则在
亭亭山。主：指地位、规格最尊崇。

【译文】

九州大地处处留有大禹治水的足迹，

天下郡县在秦并六国后终于归一统。

五岳中泰山为尊，帝王祭天凌绝顶，

辟基祭地禅礼仪式在云亭。

雁门紫塞①，鸡田赤城②。

昆池碣石③，巨野洞庭④。

旷远绵邈⑤，岩岫杳冥⑥。

【注释】

①雁门：山名，在今山西代县西北，山势险要，上有西陉关，亦称雁
门关。紫塞：北方边塞，这里指长城。秦、汉所筑长城，土色
发紫。

②鸡田：鸡泽。在今河北永年西南，春秋时鲁襄公在此盟会诸侯。
赤城：地名。晋、魏时相继于此筑城置戍，以防御柔然入侵。一
说赤城为浙江天台山脉山峰名。道家名山青城山亦称赤城山。

③昆池：昆明滇池。汉武帝曾于长安近郊比照滇池开凿昆明池训

练水军。碣石：古山名。据考在今河北昌黎西北，秦始皇、汉武
帝都曾东巡至此，刻石观海。

④巨野：泽名，亦称大野泽，在今山东巨野北。洞庭：湖名，在今湖
　南北部。

⑤旷：空阔。绵：连绵不断，久远。邈（miǎo）：远。

⑥岫（xiù）：山，山洞。杳（yǎo）：幽暗深远。冥（míng）：幽深高远。

【译文】

雁门险关，边塞长城，

盟会鸡田，屯戍赤城。

昆明巡舟，碣石刻铭，

大泽巨野，湖数洞庭。

辽阔广大，连绵遥远。

高峰峭立，岩穴幽深。

山河壮丽，历久永存。

【题解】

本段先讲稼穑耕耘，贡粮纳税；又谈孟子中庸，史鱼直谏。教导蒙
童为人处世应处处谦恭，时时自省，要像汉宣帝时担任太子老师的疏广
叔侄那样，勇于功成身退，在田园耕樵、古人典籍中，寻求悠然快乐。

治本于农，务兹稼穑①。

俶载南亩②，我艺黍稷③。

税熟贡新④，劝赏黜陟⑤。

【注释】

①务：致力，从事。兹（zī）：此。稼：耕种。穑（sè）：收割庄稼。

②俶(chù)载:开始。南亩:泛指农田。《诗・豳风・七月》:"馌(yè,
　送饭)彼南亩。"

③艺:种植。黍稷(shǔ jì):均为谷类。这是泛指五谷等农作物。

④税:指纳税。熟:指庄稼成熟。贡:进献。新:指新粮。

⑤劝:奖励。黜陟(chù zhì):指官吏的进退升降。黜,贬斥。陟,
　提升。

【译文】

治国根本在于农,

勉力从事重耕耘。

春季开始去田亩,

种植五谷忙不停。

庄稼成熟交田税,

贡进新粮表忠诚,

种好种坏赏罚明。

孟轲敦素①,史鱼秉直②。

庶几中庸③,劳谦谨敕④。

【注释】

①孟轲:战国时儒家代表人物孟子。敦:勉力,崇尚。素:素位。儒
　家中庸思想中提倡的安于素常所处地位的立身处世态度。

②史鱼:春秋时卫国大夫,以正直敢谏著名。秉:指天生持有。

③庶几:希望达到。中庸:儒家倡导的"不偏不倚,无过无不及"的
　道德标准。

④劳:勤劳。敕(chì):谨严,端正。

【译文】

孟子崇尚安于素位,

史鱼坚持正义敢言。

想要中庸不偏不倚，

恪守勤劳、谦恭、谨严。

聆音察理^①，鉴貌辨色^②。

贻厥嘉猷^③，勉其祗植^④。

【注释】

①聆（líng）：仔细倾听。察：详审。

②鉴：指观察。色：指脸色。

③贻（yí）：留赠。厥（jué）：代词，那个。嘉猷（yóu）：忠告，好的谋划。猷，谋略，方法。

④祗（zhī）：敬。可用以加强词义，这里有敬奉、谨守的意思。植：树立。此指立身处世。

【译文】

聆听谈话要了解人家话中道理，

与人交往须辨察对方脸色变化。

留赠给人的应当是良谋忠告，

勉励为人要谨守立身之道。

省躬讥诫^①，宠增抗极^②。

殆辱近耻^③，林皋幸即^④。

【注释】

①省（xǐng）躬：反省自身。诫：警告。

②宠：恩宠荣耀。抗：抵御，防止。极：极端，过度。

③殆（dài）：近。

④林皋（gāo）：林泉，指退隐之地。皋，沼泽，水边高地。幸：幸好。

　即：靠近。

【译文】

对别人的讥讽告诫要躬身自省，

要时时防止增加过度的荣宠。

得意忘形时往往就临近了耻辱，

幸好有林泉山野可以及时地归隐。

两疏见机①，解组谁逼②。

索居闲处③，沉默寂寥。

【注释】

①两疏：指西汉疏广、疏受叔侄。汉宣帝时疏广任太子太傅，疏受
　任少傅，在任五年，双双称病还乡，后世用为"功遂身退"的典故。
　见机：指根据情势趁机决定。

②解组：解下印绶，指辞官。组，系官印的绶带。

③索居：孤独生活。处（chǔ）：居住。

【译文】

疏广、疏受，见机避祸，

解印辞官，有谁逼迫？

独居日子，悠闲自过，

不谈是非，安于寂寞。

求古寻论，散虑逍遥①。

欣奏累遣②，戚谢欢招③。

【注释】

①散虑:排散忧虑杂念。

②欣:欢欣。奏:进,来。累:疲累烦恼。遣:送走,排除。

③戚:悲伤,忧愁。谢:辞别,指离去。招:招致,来到。

【译文】

探求古人古论,

思考至理名言。

排除忧虑杂念,

活得自在逍遥。

喜悦如果增添,

烦累自然排遣。

忧愁一旦离去,

欢乐也就出现。

【题解】

　　这一段编著者只用了大约百十来字,却写了春华秋实,落叶飘零;天外鹍鹏展翅,地上庭院深深;堂内高朋满坐,堂后女织正忙;一日三餐,不求过饱;竹席卧榻,明烛闪亮;徜徉书市,陶醉其乐;言语谨慎,应答周详;还有宗族传续,祭祀礼仪;缉贼捕盗,严苛法纪。内容虽略显纷繁,却基本都是社会生活中有用与常见的词语。

渠荷的历①,园莽抽条②。

枇杷晚翠③,梧桐蚤凋④。

【注释】

①渠:指水面。的(dì)历:光亮鲜明。

②莽:密生的草。这里泛指园中草木。

③晚：指季节晚，这里是说冬季。

④蚤：早。

【译文】

夏季池塘荷花艳丽又妖娆，

春季园林草木抽出嫩绿的枝条。

枇杷树冬日里仍然青翠，

梧桐叶子在秋天早早零凋。

陈根委翳①，落叶飘摇。
游鹍独运②，凌摩绛霄③。

【注释】

①陈：指老朽的。委：枯萎。翳（yì）：通"殪"，树木自己枯死。

②运：指飞翔。

③摩：摩天。绛霄：云霄。

【译文】

可叹老树根已衰萎枯死，

落下的叶子在风雨中飘摇。

而悠游的鹍鹏正独立翱翔，

展翅凌空直冲上九霄。

耽读玩市①，寓目囊箱②。
易辖攸畏③，属耳垣墙④。

【注释】

①耽（dān）：沉迷。玩市：市场。东汉王充家贫无书，常游洛阳市

肆,在书摊上只看不买,因为他看上一遍就能背诵下来。

②寓目:过目,看到。囊箱:指书箱。

③易:轻视,轻易。辎(yóu):轻车。帝王使臣多乘辎车。这里指东汉党锢之祸严重,朝廷耳目常轻车简从打探搜集文士言论,予以迫害。攸(yōu):所。畏:害怕。

④属(zhǔ)耳:倾耳听。此指窃听。垣(yuán):矮墙。也泛指墙。

【译文】

最好是沉迷读书徜徉于书摊,

满眼见到的都是书袋和书箱。

发表议论最怕是轻易随便,

要防止隔墙有耳为此惹麻烦。

具膳餐饭①,适口充肠。

饱饫烹宰②,饥厌糟糠③。

【注释】

①具:准备饭食。

②饫(yù):饱食。这里指过饱。

③厌:饱,满足。

【译文】

准备一日三餐饭菜应平常,

适合口味填饱肚子吃啥都一样。

吃得太饱肯定不想宰牛又烹羊,

饿着肚子决不嫌弃酒糟和米糠。

亲戚故旧,老少异粮①。

妾御绩纺②,侍巾帷房③。

【注释】

①异粮：指不同的食物。

②妾：旧时男子在妻子之外另娶的女人，也用于女人表示谦卑的自称。这里是泛指。御：指从事。绩（jì）：将麻搓捻成线、绳。

③侍：服侍伺候。巾：头巾，这里泛指衣帽。帷（wéi）房：内室。

【译文】

假如亲戚朋友登门来拜访，

长幼有别款待饭菜不可一个样。

妻妾主内每日在家织麻把布纺，

递衣递帽侍奉丈夫样样都不忘。

纨扇圆絜①，银烛炜煌②。

昼眠夕寐，蓝笋象床③。

【注释】

①纨（wán）扇：绢制的圆扇。絜（jié）：洁。

②炜（wěi）：光明。

③蓝笋：指青竹编成的席子。蓝，竹子青皮的颜色。

【译文】

绢制的圆扇洁白又漂亮，

银白色的蜡烛将室内照得雪亮。

白天休憩，夜晚长睡，

用的是青蓝的竹席、象牙雕饰的床。

弦歌酒宴，接杯举觞①。

矫手顿足②，悦豫且康③。

【注释】

①觞（shāng）：喝酒的器具。

②矫（jiǎo）：举起。

③豫（yù）：喜悦，安适。康：安乐。

【译文】

盛大酒宴伴随着歌舞弹唱，

传杯接盏这酒喝得真酣畅。

情不自禁手又舞来足又蹈，

愉悦欢欣互相祝酒道安康。

嫡后嗣续①，祭祀烝尝②。
稽颡再拜③，悚惧恐惶④。

【注释】

①嫡（dí）：旧时指正妻及其所生长子，嫡长子具有继承权。后：后
　　代。嗣：继承，也指子孙后代。

②烝（zhēng）尝：古代冬祭名"烝"，秋祭称"尝"，这里泛指祭祀。

③稽颡（qǐ sǎng）：屈膝下拜以额触地的一种跪拜礼，表示极度悲痛
　　或感激的心情。

④悚（sǒng）：恐惧。惶：惊慌。

【译文】

子孙一代一代向下得传续，

按时祭祀请求祖先多祐庇。

磕头下拜虔敬按规矩，

诚惶诚恐惟恐失礼仪。

笺牒简要^①,顾答审详^②。

骸垢想浴^③,执热愿凉^④。

【注释】

①笺（jiān）牒（dié）：指书信文章。牒，古代书板，也指公文。

②顾答：回头答话。这里泛指回答别人问话。审：详细周密，明白清楚。

③骸（hái）：指身体。垢（gòu）：肮脏。

④执热：酷热难解。语出《诗·大雅·桑柔》："谁能执热，逝不以濯。"意思是谁不愿在酷热时，以沐浴求得凉快。

【译文】

书信文章应简明扼要，

回答问话要审慎周详。

身上脏了想要洗个澡，

酷暑难耐愿意早清凉。

驴骡犊特^①,骇跃超骧^②。

诛斩贼盗,捕获叛亡。

【注释】

①犊（dú）：小牛。特：公牛。此句泛指不善于奔跑的牲畜。

②骇（hài）：马受惊。这里指上述的牲畜受惊。跃：跳起奔跑。骧（xiāng）：马头昂举疾奔。这里泛指奔马。

【译文】

毛驴骡子大小牛，

受惊奔跑超马速。

法律威严杀贼盗，

捕获反叛亡命徒。

【题解】

　　到此一段，《千字文》仅剩区区八十八字可用。编著者仍笔底生花：武将文臣、巧匠能工、倾国美女、日月星辰……人间天上，谈古论今。尤其是结尾四句，将自己奉诏撰文诚惶诚恐的谦恭之态，描摹得惟妙惟肖生动逼真。编著者自谦地说自己学识不够，孤陋寡闻。可是能以绝无重复的一千个单字，在严苛的时间限制里，一气呵成，创作出这篇文字顺畅优美、丝毫不见雕琢的蒙学奇文，又有谁不由衷佩服，拍案称绝。

布射僚丸①，嵇琴阮啸②。

恬笔伦纸，钧巧任钓③。

【注释】

①布：吕布，字奉先。三国时徐州刺史，善射箭，曾于辕门射戟，解决了刘备与袁术大将纪灵之争。僚：熊宜僚。春秋时楚国勇士，善玩弹丸，楚、宋之战时他于阵前表演弹丸，分散宋军注意力，使楚军趁机大败宋军。

②嵇（jī）：嵇康。三国时魏国谯郡人，字叔夜，"竹林七贤"之一，工诗文，善鼓琴，精乐理。阮：阮籍。三国时魏国尉氏人，世称阮步兵，"竹林七贤"之一，博览群书，尤好老庄。善于长啸，每至穷途路断，则恸哭。

③钧：马钧。三国时魏国扶风人，著名的能工巧匠，发明龙骨水车，创意重造了指南车，造连弩、发石机等兵器。任：任父，亦称任公子。传说中善钓的神人，他以牛做钓饵，下钩至东海，钓得大鱼，以至方圆千里都被鱼的挣扎所震动。

【译文】

吕奉先善于射箭,熊宜僚善玩弹丸,

嵇康善于弹琴,阮籍善于呐喊。

蒙恬制造了毛笔,蔡伦发明了造纸,

马钧一代巧匠,任父善钓流传。

释纷利俗^①,并皆佳妙^②。

毛施淑姿^③,工颦妍笑^④。

【注释】

①释:排解。纷:争执纠纷。利俗:有利世俗社会。

②并皆:共同都是。

③毛:毛嫱,古代美女。施:西施,春秋时越国美女。淑:好,漂亮。

④工:善于。颦(pín):皱眉。妍:美好。

【译文】

他们或是善解纠纷,或是善于发明创造,

或是性格独特有所擅长,因而有利社会世人称好。

还有美女毛嫱、西施,个个姿容娇艳美妙,

皱眉都显格外俏丽,更有倩曼动人一笑。

年矢每催^①,曦晖朗曜^②。

璇玑悬斡^③,晦魄环照^④。

指薪修祜^⑤,永绥吉劭^⑥。

【注释】

①年矢:指光阴似箭。矢,箭。催:催迫。

②曦（xī）晖：阳光。曜：明亮，光耀。

③璇玑（xuán jī）：北斗七星第四星。这里指代北斗七星。悬：指遥

挂天际。斡（wò）：指运转。

④晦：夜晚。魄：月初出或将没时的微光。

⑤指薪：即薪火相传。语出《庄子·养生主》："指穷于为薪，而火

传也，不知其尽也。"意思是脂膏有燃尽的时候，而火种却传延

无尽。后来比喻家族或技艺的传承延续。指，同"脂"。祜

（hù）：福。

⑥绥（suí）：安。劭（shào）：美好。

【译文】

光阴似箭，催人向老，

太阳光辉，明朗普照，

北斗七星，运转不停，

晚月微明，天穹闪耀，

修德积福，子孙传续，

永远平安，吉祥美好。

矩步引领①，俯仰廊庙②。

束带矜庄③，徘徊瞻眺④。

【注释】

①矩（jǔ）步：走路步法端正，符合规矩。引领：伸长脖颈，这里指抬

头前行。领，脖子。

②俯仰：上下，这里指上朝。廊（láng）庙：庙堂，指朝廷。

③束带：束好衣带，指穿戴衣服。矜（jīn）庄：保持端庄严肃的态度。

④徘徊（pái huái）：作者形容自己等待呈献《千字文》时忐忑紧张

的样子。实际上是谦词。瞻眺：仰望。

【译文】

我端正步伐，抬头前行，

朝廷在上，须恭敬景仰。

穿戴齐整，态度端庄，

徘徊不安，敬献此章。

孤陋寡闻，愚蒙等诮①。

谓语助者②，焉哉乎也③。

【注释】

①蒙：愚昧无知。等：等候。诮：讥讽，嘲笑。

②谓语助者：这句意思是学问仅只是会几个所谓的语气助词而已。
　谓，叫做。语助，语气助词的略称。

③焉哉乎也：《千字文》作者以此四个语气助词终结本段，结束全
　文，并且自谦说自己孤陋寡闻，学识不够。一方面因为本文是奉
　诏撰写，必须恭敬自谦；另一方面也是将这四个文言虚词自然而
　然地嵌入了文内，构思十分巧妙。

【译文】

臣实浅陋，鲜有见识，

愚笨蒙昧，让人耻笑。

学识不过：焉、哉、乎、也，

语气助词，四个罢了。

弟子规

启蒙养正《弟子规》

《弟子规》是以伦理道德教育为主的蒙学读本,原系清康熙时绛州（今山西新绛）秀才李毓秀编撰的《训蒙文》,后经乾隆年间贾存仁修订整理,改称《弟子规》广为流传。

李毓秀始终不过一介秀才,学位不高,但他一直以教书为业,对幼学启蒙教育的特点谙练熟稔,所以他编写的这篇训蒙文言简意赅,切合实用。

李毓秀之前,出自大儒名宿手笔的蒙学伦理读本已有不少,其中尤以南宋理学大家朱熹的《小学》最受尊崇。全书辑录古圣先贤的嘉言善行,分编内、外两篇,内篇再分"立教"、"明伦"、"敬身"、"稽古"四门,外篇则由"嘉言"、"善行"两门组成。然而《小学》名气虽大,说理却过于深奥,又多引古礼,加之难字太多且不谐时俗,在实际蒙学中不易推广流行。至于《三字经》与《千字文》虽较《小学》来得通俗,却是以综合教育为主旨,并不专注道德训示。而明代吕得胜父子所编《小儿语》、《续小儿语》,内容亦略显庞杂。

《弟子规》则不求其大,不贪其全,精选并紧扣孔子《论语·学而》第六章的"弟子入则孝,出则悌,谨而信,泛爱众而亲仁,行有余力则以学文"不过二十五字的这句话,匠心独运,以三言韵语阐释、演绎成包括"总叙"在内的五个部分,规定了子弟居家在外所应遵循的礼仪规范和言行准则,其核心为孝悌仁爱信。全文一千余字,好懂易诵,具有学规学则功能,甫一问世便大受欢迎,其影响作用一直延续到今天。

进入新世纪,国学热不断升温,少儿经典诵读更是波推浪涌、方兴未艾。有意思的是成书较晚的《弟子规》,不但在各地纷纷开办的国学班及中小学里大受重视,而且还被有的公司职场指定为员工的必读书,开工之前全体员工捧读《弟子规》的场景,甚至引发了众多新闻媒体的关注,被视作是企业文化的一种体现。这些现象表明,作为一个礼治教化源远流长的国家,人们期望借助深厚的传统道德伦理来规范举止言行,激发人性向善,弥补和纠正社会在法制逐步健全完善过程中所显现出来的种种缺失与不足。人们更意识到优秀传统文化在孩子心底积淀根植,其净化心灵、陶冶情操、坚韧意志的潜移默化作用,将伴随他们一生成长,尤其是在这样一个开放的、多元的全新社会历史时期,其作用无疑更显重要。这就是《弟子规》等蒙学佳著,其识字功能虽已日趋弱化,但在当代中国仍能普受欢迎、迅速传播的原因。

值得一提的是,在中华传统文化的学习继承中,"取其精华,去其糟粕"始终是应当坚守的原则。譬如《三字经》所宣扬的"君为臣纲,父为子纲,夫为妻纲";《千字文》所乐道的"世禄侈富,车驾肥轻",无不留有那个时代的烙印,必须分析指出,加以引导。尤其是青少年们心智尚未成熟,价值取向远未定型,更需要帮助他们正确诠释经典,作到"古为今用"。例如《弟子规》的"非圣书,屏勿视",就可解读为:屏弃含有凶杀暴力、荒诞灵异、淫秽奢靡的图书音像,不要让其污染毒害我们的心灵。

　　"十年树木，百年树人"，培养既有传统文化深厚底蕴、又富现代理想精神的社会栋梁，我们任重而道远。

李逸安

2011年3月

弟子规

一、总叙

【题解】

"总叙"即《弟子规》一书的总纲。"弟子"是旧时对少儿、学生、门徒的称谓,"规"乃规则、规范,"弟子规"就是青少年弟子应当恪守的行为法则。因为《弟子规》是编著者选用《论语·学而》第六章整段文字"弟子入则孝,出则悌,谨而信,泛爱众而亲仁,行有余力则以学文"演绎而成,而"总叙"基本上是上述孔子言论的照录,故有着"开宗明义"的总论作用。

弟子规,圣人训①。

首孝悌②,次谨信③。

泛爱众,而亲仁。

有余力,则学文④。

【注释】

①圣人:指儒家创始人孔子。训:教导,教诲。

②悌(tì):弟弟服从兄长。

③谨（jǐn）：出言慎重，寡言。信：诚信。

④文：文献典籍。

【译文】

《弟子规》的核心，本自孔子言论。

首先要讲孝悌，其次谨慎诚信。

要爱周围大众，亲近仁德贤人。

倘有富余精力，读书多做学问。

二、入则孝　　出则悌

【题解】

"孝悌"是儒家伦理道德思想的基础。《论语·学而》第二章记载了孔门弟子中与曾子齐名的有子（名若）对孝悌的诠释。有子认为一个孝顺父母、敬爱兄长的人，很少会"犯上作乱"，因此孝悌是"为仁之本"。封建时代统治者推崇孝悌，主旨在"不犯上"，不犯上就可以避免发生夺位篡权之事，封建统治就能巩固延续。普通民众看重的则是其伦理亲情和德行操守，所谓"百善孝为先"，人人孝悌，自然家庭和睦，社会和谐。试想一个连生身父母同胞手足都不爱不敬的人，又怎么可能爱国爱民呢？

对青少年子弟而言，孝悌的品德培养，就是从日常生活身边小事做起。当然时代不同，旧有的价值观念、思维方式和行为规范与我们今天可能会有所差异，需要我们与时俱进重新解读。譬如本段中"亲有疾，药先尝"这节，就可理解为当父母患病时，子女就当问医问药，贴心照料。而父母不幸亡故，也不必更不可能照搬封建礼法去"守丧三年"，甚至为此改变自己的生活起居，天天愁云满面悲伤哭泣。因为努力工作，乐观生活，是父母对儿女的一生期待；而实现父母生前的期许，才是对父母的真正尽孝和最大回报。

父母呼，应勿缓；

父母命，行勿懒。

父母教，须敬听；

父母责，须顺承。

【译文】

听到父母呼唤，回答不能迟缓；

父母指派差遣，快做不能偷懒。

父母谆谆教导，应当恭敬聆听；

父母批评责备，必须接受顺从。

冬则温①，夏则清②，

晨则省③，昏则定④。

出必告⑤，反必面⑥，

居有常⑦，业无变⑧。

【注释】

①冬则温：冬天用自己身体先为父母把被窝温暖。

②清（qìng，一读jìng）：凉。这句说夏天替父母把床铺扇凉。

③省（xǐng）：探问，请安。

④定：定省，子女早晚问候父母。这里专指昏定，即晚间服侍父母
　就寝。《礼记·曲礼上》："凡为人子之礼，冬温而夏清，昏定而
　晨省。"

⑤告：告知。

⑥反：同"返"，指返家。面：当面向父母禀报平安，让父母放心。

⑦常：保持常规，不改变。

⑧业：职业，做事。无变：没有改变。指在外做事有规律、合规矩，
　不随意改变，以免父母担忧。

【译文】

冬天为亲暖被，夏天把床扇凉，

早起问候父母，黄昏要道晚安。

外出必须相告，回家当面禀报，

按时起居工作，不能随意调换。

事虽小，勿擅为，

苟擅为①，子道亏②。

物虽小，勿私藏，

苟私藏，亲心伤。

【注释】

①苟：如果。

②子道：子女应当做的。亏：欠缺。

【译文】

事情即使不大，不可擅作主张，

如果任性而为，有失子女本分。

虽然东西很小，不能据为己有，

假如私自匿藏，会让父母心伤。

亲所好，力为具①；

亲所恶，谨为去②。

身有伤，贻亲忧③；

德有伤，贻亲羞。

【注释】

①力：尽力。具：准备，置办。

②谨（jǐn）：指严肃恭敬的态度。去：除去。

③贻（yí）：遗留。这里指带给。

【译文】

父母双亲喜好，竭力为其办到；

父母厌恶之事，尽心尽力除掉。

身体受到损伤，会让父母担忧；

品德若有污点，连累父母蒙羞。

亲爱我，孝何难？

亲恶我，孝方贤。

亲有过，谏使更①，

怡吾色②，柔吾声③。

谏不入④，悦复谏⑤，

号泣随⑥，挞无怨⑦。

【注释】

①谏（jiàn）：直言规劝。更：改变。

②怡：和悦。

③柔：温和。

④入：指采纳。

⑤悦：指父母高兴时。

⑥号：大声哭号。随：随后，紧接着。

⑦挞（tà）：鞭挞。

【译文】

父母非常爱我,孝敬他们不难;

父母对我厌恶,尽孝才显我贤。

父母若有过错,劝说他们改正,

劝时和颜悦色,还应细语柔声。

劝说父母不听,待其高兴再劝,

悲号哭泣请求,被打也无怨言。

亲有疾,药先尝,

昼夜侍,不离床。

丧三年^①,常悲咽,

居处变^②,酒肉绝。

丧尽礼,祭尽诚,

事死者^③,如事生。

【注释】

①丧三年:据《仪礼·丧服》所记,宗法封建社会规定子女为父母居
　丧的期限为三年。

②居处变:意思是居丧期内,子女的日常生活起居习惯都应改变从
　简以遵孝道。

③事:奉事,服侍。

【译文】

双亲如果染病,煎药自己先尝,

白天黑夜侍奉,寸步不离其床。

父母不幸身亡,守丧要满三年,

常常伤心哭泣,改变生活起居,

一切尽量从简,酒肉享乐不沾。

丧事要合礼仪,祭奠竭尽诚意,

对待去世父母,一如他们生前。

兄道友①,弟道恭,

兄弟睦,孝在中。

财物轻,怨何生?

言语忍,忿自泯②。

【注释】

①道:应遵行的道德原则。友:友爱亲近。

②忿(fèn):怨愤。泯(mǐn):灭。指消失化解。

【译文】

兄对弟要友善,弟对兄要恭敬,

兄弟彼此和睦,孝道体现其中。

财物看得很轻,就不怨天尤人,

言语不合要忍,愤怒自然不生。

或饮食,或坐走,

长者先,幼者后。

长呼人,即代叫,

人不在,已即到。

【译文】

无论饮水吃饭,或是坐卧出行,

依礼长者为先,幼者应在其后。

长辈要是叫人,帮忙代为呼叫,
所叫之人不在,自己立即赶到。

称尊长,勿呼名,
对尊长,勿见能①。
路遇长,疾趋揖②,
长无言,退恭立。
骑下马,乘下车③,
过犹待④,百步余。

【注释】

①见(xiàn)能:逞能,炫耀。见,同"现"。

②疾趋(qū):快步向前。揖:拱手行礼。

③乘(chéng):指乘坐在车上。

④过:指已经从自己面前过去了。待:等待。这里指恭立目送。

【译文】

如果称呼尊长,不可直呼其名,
若在尊长面前,不可炫耀逞能。
路上遇到尊长,快步向前行礼,
长辈没有吩咐,退后恭敬侍立。
外出见到尊长,赶紧下马下车,
恭待长辈离远,目送百步开外。

长者立,幼勿坐,
长者坐,命乃坐。
尊长前,声要低,
低不闻①,却非宜②。

进必趋③,退必迟,

问起对,视勿移。

事诸父④,如事父;

事诸兄⑤,如事兄。

【注释】

①不闻:听不到。

②宜:合适,应该。

③趋:小步快走,表示恭敬。

④诸父:伯父、叔父。

⑤诸兄:同族兄长,堂兄。

【译文】

长者如果站着,幼者不能就坐,

尊长坐定以后,叫你你才能坐。

尊长面前说话,声音一定放低,

低至不能听到,那也不合规矩。

尊长叫你见面,理应快步向前,

告退行动要缓,这才合乎礼仪。

尊长如果问话,必须起身作答,

不可左顾右盼,否则就是失礼。

侍奉自己叔伯,也如侍奉父亲;

对待同族兄长,也像胞兄一样。

三、谨而信

【题解】

"谨"是指寡言,孔子不是提倡不说话,而是强调"少说多做"。如

《学而》第十四章,孔子说"敏于事而慎于言"(做事勤快,说话谨慎);《为政》第十三章,孔子说"先行其言而后从之"(先将你要说的话做到,然后再开口讲出来),都是这个意思。"信"是指诚信,是儒家最为推重的品德。在《学而》第四章,孔门大弟子曾参天天反躬自问的第二条就是"与朋友交而不信乎"(与朋友交往是否诚实守信)。《为政》第二十二章,孔子更感慨"人而无信,不知其可也"(一个人如果不诚信,不知道那怎么可以)。

    本段即围绕着以上两个核心内容展开,但并不虚谈空论。前半段重点说"谨",要求青少年弟子在平日生活中,要事事严格,出言谨慎。其规定细致到起居洗漱、衣冠摆放、饮食嗜好、行走坐卧、敲门应答等方方面面。后半段主要谈"信",针对青少年弟子易犯的错误,提出如何预防改正,培养树立诚信。像借人东西应及时归还,不可花言巧语欺骗别人,不道听途说传播谣言,要见贤思齐闻过则喜等,都是我们今天仍然倡导的好品质好习惯,也是我们诵读学习《弟子规》的原因所在。

朝起早,夜眠迟,

老易至,惜此时。

晨必盥①,兼漱口,

便溺回,辄净手②。

【注释】

①盥(guàn):浇水洗手。

②净手:洗干净手。盥洗沐浴不仅是良好的卫生习惯,而且是古人参加各种典礼活动的严格礼仪要求,所以从小就要教育培养。

【译文】

清晨尽量早起,晚上迟些入睡,

人生岁月易老,要把时间珍惜。

早上必须盥洗,同时注意漱口,

便溺结束回来,则要立即洗手。

　　　　冠必正,纽必结①,

　　　　袜与履②,俱紧切③。

　　　　置冠服,有定位,

　　　　勿乱顿④,致污秽。

【注释】

①纽:衣纽。结:打结,系好。

②履(lǚ):鞋。

③切(qiè):贴切合适。

④顿:安置。

【译文】

帽子应戴端正,衣扣必须扣好,

袜子要穿平整,鞋带注意系紧。

脱下衣帽鞋袜,存放位置固定,

不可乱丢乱放,以免弄脏弄乱。

　　　　衣贵洁,不贵华,

　　　　上循分①,下称家②。

　　　　对饮食,勿拣择,

　　　　食适可,勿过则③。

　　　　年方少,勿饮酒,

　　　　饮酒醉,最为丑。

【注释】

①循：遵循，符合。分（fèn）：身份，等级。

②称（chèn）：相称，合适。家：指家庭条件。

③则：准则，规章。这里指应当遵从的饮食原则，即饮食要适量适度。

【译文】

穿衣贵在整洁，不必追求华贵，

衣着要合身份，还要考虑家境。

饮食应当全面，不能挑挑拣拣。

注意适当有节，不要过量无限。

年龄如果还小，千万不要饮酒，

否则一旦喝醉，失态样子最丑。

步从容，立端正，

揖深圆①，拜恭敬。

勿践阈②，勿跛倚③，

勿箕踞④，勿摇髀⑤。

【注释】

①深：指够深度，到位。圆：完整。

②践：踩踏。阈（yù）：门坎。

③跛（bì）倚：偏倚，站立不正。语出《礼记·礼器》："有司跛倚以临祭，其为不敬大矣。"

④箕踞（jī jù）：两脚伸直叉开的坐姿，形似簸箕。

⑤髀（bì）：大腿。

【译文】

走路迈步从容,直立姿态端正,

作揖弯腰到位,跪拜认真恭敬。

出入不踩门坎,站不歪斜其身,

坐不叉开双腿,切忌腿脚抖动。

缓揭帘,勿有声,

宽转弯[①],勿触棱[②]。

执虚器,如执盈[③];

入虚室,如有人。

【注释】

①宽转弯:指转弯角度要大,不要急切抄近、慌张冒失。

②勿触棱(léng):不要撞到家具物品的棱角。

③盈:满。

【译文】

掀动门帘要轻,切勿发出声音,

走路转弯大些,不要撞上物品。

手拿空的器皿,像满装般小心;

进入无人空屋,如同屋里有人。

事勿忙,忙多错,

勿畏难,勿轻略[①]。

斗闹场,绝勿近;

邪僻事,绝勿问。

【注释】

①略：忽略。

【译文】

做事不要匆忙，忙中大多出错，

不必害怕困难，也不轻率随便。

打架闹事场合，不可轻易靠近；

邪恶荒诞之事，绝不好奇打听。

将入门，问孰存①；

将上堂，声必扬。

人问谁，对以名，

吾与我②，不分明。

【注释】

①孰（shú）：谁，哪一个。存：在家。

②吾与我：指只是回答说“吾”或者“我”。吾（wú），我。

【译文】

要进人家大门，先问是否有人；

迈入厅堂之前，大声让人知闻。

人家问你是谁，定要回答姓名，

如果只说是我，对方如何辨明。

用人物，须明求①，

倘不问，即为偷。

借人物，及时还；

人借物，有勿悭②。

【注释】

①明求：公开、当面请求。

②悭（qiān）：吝啬。

【译文】

借用别人物品，必须请求应允，

倘若根本不问，无疑与偷等同。

借了人家东西，一定及时归还；

别人向你借物，有就不要吝啬。

凡出言，信为先①，

诈与妄②，奚可焉③！

话说多，不如少，

惟其是，勿佞巧④。

刻薄语，秽污词，

市井气⑤，切戒之。

【注释】

①信：诚实，讲信用。

②妄：言词荒谬，没有根据。

③奚（xī）：何，怎么。

④佞（nìng）巧：花言巧语骗人。

⑤市井气：指欺诈蒙骗不讲诚信的市俗习气。市井，古代原指做买
　　卖的地方，后也用以代称商贾（gǔ）。儒家重农轻商，商贾地位最
　　低，故“市井”带有贬义。

【译文】

大凡开口说话，要以诚信为先，

如果欺诈荒诞,那又怎么可以!
话多不如话少,言多语必有失,
应当实话实说,不能花言巧语。
尖酸刻薄之话,污秽不堪之言,
粗俗无赖习气,切记戒除改变。

见未真^①,勿轻言;
知未的^②,勿轻传。
事非宜,勿轻诺^③,
苟轻诺,进退错。

【注释】

①真:真实情况。

②的(dí):确实。

③诺(nuò):表示同意,应允。

【译文】

没有弄清之事,不可轻易发言;
听到并不确切,不要轻易就传。
不合义理之事,不要轻易允诺,
如果随便承诺,做与不做都错。

凡道字^①,重且舒^②,
勿急疾,勿模糊。
彼说长,此说短,
不关己,莫闲管。

【注释】

①道字：说话吐字。

②重：指发音吐字清楚。舒：流畅。

【译文】

说话吐字发音，定要清晰流畅，

说得不能太急，否则含糊不清。

那人过来说长，这人过来说短，

事情与己无关，闲事不要去管。

> 见人善，即思齐①，
> 纵去远②，以渐跻③。
> 见人恶，即内省，
> 有则改，无加警④。

【注释】

①思齐：考虑并努力向其看齐。即指积极行善。

②纵：纵然，即使。去：距离。

③跻（jī）：登，升。这里指升入同一行列，成为同一类人。

④无加警：无则加勉，警告自己不去做。

【译文】

见人义举善行，就要向人学习，

纵然差距尚远，也要逐渐看齐。

见到别人不好，立即反躬自省，

有则立刻改正，无则加勉自警。

> 惟德学，惟才艺，
> 不如人，当自励。

若衣服,若饮食,

不如人,勿生戚①。

【注释】

①戚（qī）：悲戚，忧伤。

【译文】

注重品德学问,培养才能技艺,

发觉己不如人,就当自我激励。

诸如衣服饮食,不要与人攀比,

即使不如旁人,切勿自卑生气。

闻过怒①,闻誉乐,

损友来②,益友却③。

闻誉恐,闻过欣,

直谅士④,渐相亲。

【注释】

①过：过失，错误。

②损友：对自己有害的朋友。

③却：退却，离去。

④直：正直。谅：诚信。孔子认为正直、诚信、见闻广博的人是三种

　有益的朋友，即益友。

【译文】

闻听批评即怒,听到赞誉则喜,

坏朋友就会来,好朋友就会走。

听到恭维不安,听见指责却喜,

正直诚信之士,渐会与你亲近。

无心非^①,名为错^②;

有心非,名为恶。

过能改,归于无^③,

倘掩饰,增一辜^④。

【注释】

①非:错误。

②名:称作。

③归:回到。无:指没有过错。

④辜(gū):罪,过错。

【译文】

无意之间失误,可以称为过错;

故意去干坏事,那可就是罪恶。

有错勇于改正,可以当作无过,

倘若文过饰非,就是错上加错。

四、泛爱众而亲仁

【题解】

"泛爱众"是说要有博爱大众的胸怀。"仁"则是孔子提出的儒家伦理道德的基本原则,是各种美德的高度概括,其核心就是"爱人"。《论语》中提及最多的就是"仁"字,孔子认为"仁"是君子的责任和使命,一个人不可以为"求生"而"害仁",只能是"杀身以成仁"。在孔子眼中,"仁"是人格道德的最终追求和最高标准,为之可以不惜献出生命。如此的境界和高度,不是人人可以达到的,但是"亲近仁德"却是每个人都应努力去做的。

就此,《弟子规》的编著者教诲说:一个人仅仅孝悌并不够,还应做到"博爱亲仁"。具体地说就是要仰慕敬重那些德行高尚、学问精深的人,以刚正不阿的仁德贤者为榜样,向他们看齐。要做到与人为善,不可忌贤妒能、欺贫谄富、诋毁中伤别人。与人交往要多给予而少索取,做到"己所不欲,勿施于人"。值得注意的是囿于阶级偏见,本段"待婢仆,身贵端"一节,使用了个别歧视性言词,虽不正确,但这一节表达的对于"弱势阶层"要宽厚同情、不可以势凌人的观点,今天仍有其现实意义。

> 凡是人,皆须爱,
> 天同覆①,地同载②。
> 行高者,名自高,
> 人所重,非貌高③。
> 才大者,望自大④,
> 人所服⑤,非言大⑥。

【注释】

①天同覆:同在蓝天下。覆,遮盖。

②地同载:共立大地上。载,承载。以上两句指共同生活在一个世界上。

③貌高:指外表高大威严,仪表堂堂,好像正人君子。

④望:声望,名望。

⑤服:佩服,敬佩。

⑥言大:自我吹嘘,夸夸其谈。

【译文】

所有一切的人，都须相亲相爱，

共享一片蓝天，同有大地承载。

德行高尚之人，自然拥有名望，

人们看重品德，并非容貌怎样。

才学博大精深，肯定天下闻名，

人们钦佩其才，并非言词惊人。

己有能，勿自私；

人有能，勿轻訾①。

勿谄富，勿骄贫，

勿厌故，勿喜新。

人不闲，勿事搅；

人不安，勿话扰。

【注释】

①轻：轻易，随便。訾（zǐ）：诋毁，说人坏话。

【译文】

自己若有才能，切勿自私独用；

他人才华出众，不要诋毁否定。

不应谄媚富人，不可傲慢欺贫，

不要喜新厌旧，做个仁德贤人。

人家正在忙碌，不可用事打搅；

人家心情不好，不要闲话打扰。

人有短,切莫揭;

人有私,切莫说。

道人善,即是善,

人知之,愈思勉。

【译文】

别人缺点短处,不要轻易揭穿;

人家个人隐私,不可到处外传。

赞美别人善行,其实就是行善,

对方听你称赞,会更勉力为善。

扬人恶,即是恶,

疾之甚①,祸且作②。

善相劝,德皆建③;

过不规④,道两亏⑤。

【注释】

①疾:痛恨。

②作:兴起,发生。

③德皆建:指双方道德都可建立。

④规:规劝。

⑤亏:亏欠,缺失。

【译文】

宣扬别人恶行,等于也是作恶,

痛斥别人过分,就会引发灾祸。

如果以善相劝,彼此道德完满;

过错不加规劝,双方道德缺陷。

凡取与,贵分晓,

与宜多,取宜少。

将加人,先问己,

己不欲,即速已^①。

恩欲报,怨欲忘,

报怨短,报恩长。

【注释】

①己不欲,即速已:孔子说"己所不欲,勿施于人",意思是自己不愿
　意的事,也不要强加于人。已,停止。

【译文】

财物取得、给予,贵在明白其理,

给予别人应多,拿取应当要少。

强加别人之事,首先问问自己,

自己都不愿意,那就马上停止。

受人恩惠要报,对人怨恨应忘,

怨恨越短越好,报恩长记不忘。

待婢仆^①,身贵端^②,

虽贵端,慈而宽。

势服人,心不然^③,

理服人,方无言。

【注释】

①婢仆（bì pú）：旧时供有钱人家使用的女子称婢，男子称仆。

②身：指主人自身。贵：重在。端：端正，庄重。

③然：认为是对的，认可。

【译文】

对待婢女男仆，主人自身须正，

即使品行端正，还须仁慈宽厚。

以势压服别人，别人内心不服，

若是以理服人，对方心服口服。

同是人，类不齐①，

流俗众，仁者稀。

果仁者，人多畏，

言不讳，色不媚。

【注释】

①类不齐：指不是一类人，不一样。

【译文】

虽然同样是人，善恶正邪不同，

世俗之人众多，仁德贤者稀少。

果真仁德贤士，大家自然敬畏，

因其直言不讳，更不阿谀谄媚。

能亲仁，无限好，

德日进，过日少。

不亲仁，无限害，
小人进，百事坏。

【译文】

能够亲近仁者，一生无限美好，
品德与日俱进，过失天天减少。
假如不亲仁德，会有无限祸害，
小人趁虚而入，凡事注定失败。

五、行有余力则以学文

【题解】

《弟子规》为何直到最后这一段才谈论学习书本文献？这并非是因"行有余力则以学文"这句话在《学而》第六章里的排序在最后，而是反映了孔子一贯的思想观点。孔子认为"孝悌"是做人的基础，"谨言慎行"、"诚信无欺"是为人必备的品德，"博爱"、"亲仁"是人生更高层次的追求，做到了这些以后，如果还有多余的精力，那么就可以去学习文献知识了。在实践与理论的关系上，孔子更看重实践，因此孔子治学，始终把做人摆在第一位，把求知放在第二位。本段先后讲到了如何端正学习态度、培养正确学习方法和良好的读写习惯，最后以勉励蒙童学子坚持不懈达到既定目标来结篇，显示了《弟子规》编著者在这一方面积极进取的教育理念。

不力行①，但学文②，
长浮华，成何人！
但力行，不学文，
任己见③，昧理真④。

【注释】

①力行：努力做。这里指身体力行前面所说的孝、悌、谨、信、爱、仁。

②但：仅仅，只。

③任：听凭，不管。

④昧（mèi）：遮蔽，不明。

【译文】

不去力行实践，只是死读经典，

徒增浮华习气，怎能为人典范！

只懂一味去做，而不学习经典，

任由自己偏见，事理真谛难辨。

　　　　　读书法，有三到，

　　　　　心眼口，信皆要^①。

　　　　　方读此，勿慕彼，

　　　　　此未终，彼勿起。

【注释】

①信：确实。

【译文】

说到读书方法，必须注意三到，

心到、眼到、口到，确实全要做到。

开始正读这书，不要又想那书，

此书还未读完，那书不可起读。

　　　　　宽为限，紧用功，

　　　　　工夫到，滞塞通^①。

　　　　　心有疑，随札记^②，

就人问③,求确义。

【注释】

①滞塞(zhì sè):停滞堵塞。这里指搞不懂的地方。

②札记:记下来。札,古时写字用的小木片。

③就人问:就教,指随时向别人请教。

【译文】

制定读书方案,不妨放宽期限,

一旦实际去读,务必抓紧读完,

只要功夫用到,茅塞自然顿开。

心有困惑疑问,随手要记笔记,

时时向人讨教,求解确切含义。

房室清,墙壁净,

几案洁,笔砚正。

墨磨偏,心不端,

字不敬①,心先病②。

【注释】

①不敬:意思是不合规矩。这里指字写得不工整。

②心先病:指内心思想态度有问题。

【译文】

书房打扫清洁,墙壁保持干净,

书桌洁净明亮,笔砚摆放端正。

研墨如果磨偏,肯定心不在焉,

字体歪歪斜斜,心浮气躁表现。

列典籍，有定处，

读看毕，还原处。

虽有急，卷束齐，

有缺损，就补之。

【译文】

书籍排列有序，位置固定整齐，

如果阅读完毕，必须放回原地。

即使再急再忙，书卷也要整理，

一旦发现破损，及时修补整齐。

非圣书^①，屏勿视^②，

蔽聪明，坏心志。

勿自暴，勿自弃，

圣与贤，可驯致^③。

【注释】

①圣书：指符合儒家思想道德标准的典籍、著作。

②屏（bǐng）：排除，屏弃。

③驯：渐进。致：达到。

【译文】

不是圣贤书籍，应该屏弃不看，

否则蒙蔽智慧，还会败坏意志。

坚持既定目标，切勿自暴自弃，

圣贤境界虽高，循序渐进可到。

童蒙须知

前言

　　《童蒙须知》又名《训学斋规》，是南宋大儒朱熹撰写的训蒙教材。朱熹（1130—1200），字元晦，南宋著名思想家、教育家，世人尊为朱子。

　　作为伟大的教育家，朱熹对教育的重视，涵盖从"小学"到"大学"全过程。朱熹《小学序》曰："古者小学，教人以洒扫、应对、进退之节，爱亲、敬长、隆师、亲友之道，皆所以为修身、齐家、治国、平天下之本。"其《大学章句序》亦云："人生八岁，则自王公以下，至于庶人之子弟，皆入小学，而教之以洒扫、应对、进退之节，礼、乐、射、御、书、数之文。及其十有五年，则自天子之元子、众子，以至公、卿、大夫、元士之嫡子，与凡民之俊秀，皆入大学，而教之以穷理、正心、修己、治人之道。"

　　朱熹的教育思想在这两个序言中互为印证，即"大学"教育是"小学"教育的目的，而"小学"教育则是"大学"教育的基础。童蒙只有打好"小学"基础，在日常生活细节中养成正道，并"持守坚定，涵养纯熟"，长成之后，才有可能"通达事物""无所不能"，成就"大学"气象。

　　礼仪是蒙学课程的重要内容。子曰："不学诗，无以言。""不学礼，无以立。"朱熹同样重视弟子诗书礼仪的学习。他告诫子弟："诗书不可不学，礼仪不可不知。"《童蒙须知》就是朱熹编撰的以培养礼仪规范、生活习惯等为主的蒙学教材，包括"衣服冠履""语言步趋""洒扫涓洁""读书写文字"以及"杂细事宜"等内容，涉及生活的方方面面，是朱熹礼仪教育思想的体现。这个礼既包括人与物理世界的交往礼仪，也包括人与人文世界的交往礼仪。

　　什么是人和物理世界的交往礼仪呢？举个例子，比如"宽转弯，勿触棱""执虚器，如执盈"就属于这一方面。不遵守物理世界的行为准则，自己就会受到伤害，比如乱穿马路容易遇到危险。生活中不遵守规则，很多时候虽无生命之虞，却容易使自己受伤，需要向童子耳提面命。《童蒙须知》里类似的句子非常多，比如"凡开门揭帘，须徐徐轻手，不可令震惊响"，"凡向火，勿迫近火旁。不唯举止不佳，且防焚爇衣服"，"凡夜行，必以烛，无烛则止"，"凡执器皿，必敬谨，唯恐有失。凡危险，不可近"，"凡夜卧，必用枕，勿以寝衣覆首"等等。

　　以"凡开门揭帘，须徐徐轻手，不可令震惊响"这句为例，意思就是说，进出房间揭帘子、开关门的时候，应该动作轻缓，以免发出声响影响别人。保持安静是一个人最基本的礼仪规则，尤其是在正式场合。我们还可以将这句话理解得更深远一些，如果推门揭帘的力度过大，速度过快，就不仅仅是制造噪音的问题了，有可能会伤害到别人或自己。比如突然把门撞开，门后如果有人就会受到伤害，尤其是，门后的人万一手里有危险品或者贵重的易碎品就更不好了。

　　作者在培养童蒙与物理世界的交往习惯上颇费苦心。其实为人父母者都能感同身受：从父母养育孩子的角度看，第一需要小心的就是避免孩子受到意外伤害。从孩子成长的角度看，"身体发肤，受之父母，不敢毁伤"，保证自己的安全也是成就晚辈的孝悌美德。

　　除了和物理世界的交往礼仪，还有和人文世界的交往礼仪。就是说，教育童蒙怎么和别人相处，怎么为人处世。比如"大抵为人，先要身体端正。自冠巾、衣服、鞋袜，皆须收拾爱护，常令洁净整齐"，"凡饮食于长上之前，必轻嚼缓咽，不可闻饮食之声"，"凡侍长者之侧，必正立拱手。有所问，则必诚实对语，言须不可妄"，"凡众坐，必敛身，不可广占坐席"等等。

　　以"大抵为人,先要身体端正。自冠巾、衣服、鞋袜,皆须收拾爱护,常令洁净整齐"这句为例,这是对童蒙衣着打扮的要求。中国人历来重视服饰,如《礼记·冠义》称:"冠者,礼之始也。"周瑜当年"雄姿英发,羽扇纶巾",风度无两;子路甚至对冠的维护到了"君子死而冠不免"的程度。孔子感叹:"微管仲,吾其被发左衽矣!"服饰不仅能展现一个人的精神面貌,也是我们文明的重要组成部分。

　　此外,朱熹还讲到童蒙生活习惯、学习习惯的养成问题。如"凡子弟,须要早起晏眠","凡如厕,必去上衣,下必浣手","凡读书,须整顿几案,令洁净端正"等等。在童年时期,养成好的习惯,受益终身,正所谓"少成若天性,习惯如自然"。

　　《周易·系辞传》:"乾以易知,坤以简能;易则易知,简则易从。"童蒙教育就需要有"易知""易从"的特征,否则就无法达到开蒙养趣的效果。《童蒙须知》将日常生活中的知识以言浅旨深、举重若轻的方式传递给童蒙,学习起来自然就容易有事半而功倍的效果。

　　中华民族作为礼仪之邦,历来有懂礼、习礼、守礼、重礼的优良传统。因为礼仪的作用是极大的,可以治理国家,使社稷安定,使人民生活有序,和谐相处。所以《左传·隐公十一年》说:"礼,经国家,定社稷,序民人,利后嗣者也。"礼仪的范围又是极广的,涉及我们日常举手投足、衣食住行等所有细节,一举一动都有礼的规定。行为合乎礼仪是有修养的表现,一个粗鄙无文的人是很难登大雅之堂的。所以,童蒙一定要在礼仪养成上多下功夫,礼仪培养要从孩子抓起。这也是南宋大儒朱熹编纂《童蒙须知》的初心之所在。

王永豪

2023 年 8 月

原叙

童蒙教育是个大学问,"教什么"、"怎么教",关乎一个人、一个家庭乃至一个社会的前途。无论是德行教育、能力教育、知识教育,还是其他教育,基础教育都是至关重要的。作为一个大学问家,朱熹能放下身段,从言谈举止这些最基本的教育内容入手写一本童蒙教材,实在难能可贵。

儿童初识世界,无论是培养品德心性还是树立习惯规矩,都很好铸形。所以,要正确地教育儿童。墨子曰:"染于苍则苍,染于黄则黄。"刘勰云:"斫梓染丝,功在初化。"他们将儿童教育比喻为"染丝",强调早期教育的重要性,确实非常恰切。

儿童最需要学习生活自理能力,所以穿衣戴帽是第一要务。在古人看来,物以类聚,人以群分。衣着稳重得体,则君子来聚;衣着怪异轻浮,吸引的自然就是轻狂浮浪之人。除了着装,言行举止更是处处有学问,皆需要谨慎对待。

夫童蒙之学①,始于衣服冠履②,次及言语步趋③,次及洒扫涓洁④,次及读书写文字,及诸杂细事宜,皆所当知。今逐目条列⑤,名曰《训学斋规》。若其修身、治心、事亲、接物⑥,与夫穷理尽性之要⑦,自有圣贤典训⑧,昭然可考,当次第晓达⑨,兹不复详著云。

【注释】

①童蒙:儿童,年幼无知的孩子。《周易·序卦传》:"蒙者,蒙也,物之稚也。"所以,人们也将幼童称为"童蒙",儿童教育即为"训蒙",教育儿童的学问就是"蒙学"。

②冠履:泛指帽子和鞋子。冠,帽子的总称。在过去,"冠"是专门供贵族戴的帽子,有不同种类。履,鞋。

③步趋:行走。步,走路。趋,小步快走。小步快走是一种恭敬的走路方式,常用在尊长面前或正式严肃的场合。

④涓洁:清洁。

⑤逐目条列:按照目录顺序,分条罗列。目,具体的条目,和"纲"相对。

⑥事亲:侍奉亲人。接物:接触外物,与人交往。

⑦穷理尽性:彻底推究事物的道理,透彻了解人类的天性。源于《周易·说卦传》:"穷理尽性以至于命。"

⑧典训:指作为标准的、准则性的训示。典,主要用于记载嘉言懿行和典章制度,如《尧典》。训,用于记载贤臣训导君王的言行,如《伊训》。

⑨晓达:通晓明达。

【译文】

教育童蒙,引导孩子们学习,首先要从衣着打扮、穿鞋戴帽开始,然后再学习和人交流的方法、走路快慢急缓的规矩,接下来还要学习打扫房间庭院以及洗澡浣衣等保持卫生的要求,再接下来是掌握读书写字的方法,以及其他更为详尽细致的礼仪规范,童蒙们都应当有所了解。现在,我们将这些内容逐一举出,按条目罗列,编撰成书,名为《训学斋规》。至于那些童蒙们今后需要学习的知识,也即更高阶段的修身养性、

侍奉亲人、待人接物的学问，以及推究事理、洞察人性的要义，这些学问
在圣贤的典籍和训诫中写得清晰明白，有据可考，童蒙们应该在学习了
本书的基础知识后，再循序渐进地学习更高层面的圣贤文章，这里不再
赘述。

衣服冠履第一

【题解】

衣服冠履是一个人的精神名片，是其精气神的外化。衣装得体，整洁干净，不仅自己神清气爽，也会得到他人的尊重。因此，古人很注重服饰的整洁，对衣服的使用和存放也很小心。朱熹讲得非常详细，囊括了系带子、扣扣子、取衣服、放衣服这样的小事儿。比如衣服穿过后要马上收放在一个固定的地方，再穿的时候也方便找到。如果乱丢乱放，很多衣服胡乱堆积在一起，不但会被压皱，而且也不方便找到。《老子》云："天下难事必作于易，天下大事必作于细。"从日常做事情的细节可以看出一个人未来的发展，洗脸穿衣、吃饭睡觉，处处皆有学问。

大抵为人，先要身体端正，自冠巾、衣服、鞋袜[①]，皆须收拾爱护，常令洁净整齐。我先人常训子弟云："男子有三紧，谓头紧、腰紧、脚紧。"头谓头巾，未冠者总髻[②]；腰谓以绦或带束腰[③]；脚谓鞋袜。此三者要紧束，不可宽慢。宽慢则身体放肆，不端严，为人所轻贱矣。

【注释】

①冠巾：头冠和头巾。冠是贵族男子所戴的普通帽子。巾，即头巾，为平民所戴。《释名·释首饰》："二十成人，士冠，庶人巾。"《礼记·曲礼上》："男子二十，冠而字。"即男子到二十岁时，要举行加冠礼，以示成人。冠就成了身份与社会地位的象征，当冠不冠属于非礼。《后汉书·马援列传》载，马援未做官时，"敬事寡嫂，不冠不入庐"。《左传·哀公十五年》载，子路卷入卫国内乱，在战斗中被砍断冠缨，子路说："君子死，冠不免。"遂结缨而死。冠巾后泛指服饰。如苏轼："卧听使君鸣鼓角，试呼稚子整冠巾。"

②总髻（jì）：古代未成年人把头发挽起来，扎成髻叫总髻，也叫总角。

③绦（tāo）：用丝编成的绳带。

【译文】

但凡做人，都要身体端正整洁，从冠巾到衣服再到鞋袜，都需要爱护并经常打理，让其洁净整齐。我祖上经常跟后辈子弟说："男子要做到三紧，即头紧、腰紧、脚紧。"头紧指把头巾裹紧，如果后辈还未成年，那就在总髻的时候把头发扎紧；腰紧就是用丝带把腰扎紧；脚紧就是所穿鞋袜要把脚包紧，走路时不能掉鞋。头、腰、脚都要紧致，不可以松松垮垮。如果松松垮垮，身体就会放肆怠慢，举止不够端庄，这样就为人所轻贱。

凡着衣服，必先提整衿领①，结两衽纽带②，不可令有阙落③。饮食照管，勿令污坏；行路看顾，勿令泥渍。

【注释】

①衿（jīn）：衣领，特指古代服装向下连到前襟之斜领。

②衽（rèn）：衣襟。右衽指左前襟掩向右腋系带，将右襟掩覆于内。右衽为华夏风习，反之称左衽，古时为野蛮未开化的标志。

③阙落：缺失，遗漏。

【译文】

凡是穿衣服时，一定要提起衣领，先将衣领和衣襟整理平顺，穿在身上后，先向右把两衽交叠，再将纽带系好，不可有遗漏。饮食的时候一定注意照管衣服，不要让食物把衣服弄脏；走路的时候也要小心注意身边的物体，不要靠得太近，蹭脏了衣服。

凡脱衣服，必齐整折叠箱笥中[①]，勿散乱顿放，则不为尘埃杂秽所污，仍易于寻取，不致散失。着衣既久，则不免垢腻，须要勤勤洗浣[②]，破绽则补缀之[③]，尽补缀无害，只要完洁。

【注释】

①笥（sì）：盛饭或衣服的方形竹器。

②洗浣（huàn）：洗涤。浣，洗。

③补缀（zhuì）：把衣服破损处缝补起来。

【译文】

衣服脱下来后，一定把它整整齐齐地叠好放进衣箱，不要乱扔乱放，这样就不会落灰或者沾上别的脏东西。再穿的时候也方便找到，不至于丢失。衣服穿得久了，难免有污垢油腻，需要经常浣洗。如果有破损，就尽快缝补完整。衣服不怕反复缝补，只要完整干净就没有问题。

凡盥面[①]，必以巾帨遮护衣领[②]，卷束两袖，勿令有所湿。凡就劳役，必去上笼衣服，只着短便，爱护勿使损污。凡日中所着衣服，夜卧必更，则不藏蚤虱，不即敝坏。苟能如此，则不但威仪可法，又可不费衣服。晏子一狐裘三十年[③]，虽意在以俭化俗，亦其爱惜有道也。此最饬身之要[④]，毋忽。

【注释】

①盥（guàn）：洗涤，清洗。

②帨（shuì）：毛巾，巾帕。

③晏子：即晏婴，字仲，谥平，人称晏平仲，齐国夷维（今山东高密）人。春秋后期齐国著名政治家、思想家。事齐灵公、庄公、景公三朝，以节俭力行著称。担任齐相后，生活节俭，食不重肉，妾不衣帛。

④饬（chì）身：修行自身。饬，整顿。

【译文】

洗脸的时候，一定要用毛巾把衣领围好，把袖子卷起来，以免打湿衣领和袖口。干活的时候，要把长大的上衣脱下，只穿简短轻便的便装，以免长袍被损坏弄脏。白天穿的衣服，夜里睡觉一定要换下来，这样不至于生虱子跳蚤，也让衣服不那么快破旧损坏。如果能做到这些，既能仪表庄严，让人尊重，又可减缓衣服耗费。晏婴一件狐裘大衣穿了三十年，虽然他意在带头节俭以教化风俗，也是因为他穿衣有道啊！这些都是修行自身的重点，不要掉以轻心。

语言步趋第二

【题解】

"衣服冠履"是给别人留下的第一印象,紧接着"语言步趋"则是展示自我的重要内容。一个人有教养与否,皆是通过自己的言行展示出来。《周易·系辞下》:"吉人之辞寡,躁人之辞多。"南宋陈著亦有诗:"君子之容舒,吉人之辞寡。"这都是告诫我们说话要注意。孔子有一个弟子叫司马牛,《史记》称他"多言而躁",不但话多而且是个急脾气。一次司马牛问孔子什么是仁德。孔子告诉他,慢慢说话就是仁德。看司马牛有些吃惊,孔子解释说:"做起来很难,能不慢慢地说吗?"《千字文》也说,"容止若思,言辞安定"。

人人都有自尊心,都有羞耻心。所以我们看到别人不经意犯了错,不要当面指责,要给对方留下时间和空间。相信他会自觉反思自己的行为,然后加以改正。而且,通过他的过错,我们正好可以了解他是一个什么样的人。这就是《论语·里仁》里说的"人之过也,各于其党。观过,斯知仁矣"。另外,从小要养成做事规规矩矩、稳稳当当的习惯,整天心浮气躁、草率将事,不仅乱了心性,也容易受伤。

凡为人子弟,须要常低声下气①,语言详缓,不可高声喧哄②,浮言戏笑③。父兄长上有所教督④,但当低首听受,

不可妄自议论。长上检责，或有过误，不可便自分解，姑且
隐默，久却徐徐细意条陈⑤。云：此事恐是如此，向者当是偶
尔遗忘。或曰：当是偶尔思省未至。若尔则无伤忤⑥，事理
自明。至于朋友分上，亦当如此。

【注释】

①低声下气：这里指说话的时候声音温和，语气谦恭。

②喧哄：嘈杂哄闹。

③浮言：荒诞不经、毫无根据的言论，胡言乱语。

④教督：教导督促。

⑤细意条陈：小心谨慎地逐条陈说。

⑥伤忤（wǔ）：伤害抵触，忤逆冒犯。

【译文】

作为孩童，说话的时候要声音温和，语气谦恭，吐字清晰，语速和缓，
不要大声吵闹，胡言乱语，嬉笑打闹。父亲、哥哥或者其他长辈批评教育
自己的时候，应该俯首帖耳，认真听取，不要强词夺理为自己辩解。长辈
或上级责备批评的时候，就算自己被误解，也不要当场辩解，可以先暂且
隐忍，保持沉默，过一阵子后再慢慢地一条一条和长辈或上级解释清楚。
就说"这个事情当时恐怕是这样的，之前您批评我的时候我忘了和您说
事发当时的情况了"。也可以说"当时是我考虑不周"这样的话。如果
能这样做，就不会忤逆长上，而且也能把事理说明。至于和朋友交往，也
应当这样处理事情。

凡闻人所为不善，下至婢仆违过，宜且包藏①，不应便
尔声言②，当相告语，使其知改。凡行步趋跄③，须是端正，
不可疾走跳踯④。若父母长上有所唤召，却当疾走而前，不

可舒缓。

【注释】

①包藏：这里指包容别人的过错并替他暂时掩饰以免难堪。

②便尔：马上，当时。

③行：走路。步：慢走。趋：小步快走。跄（qiàng）：急走。

④跳踯（zhí）：上下跳跃，胡乱蹬踢。

【译文】

凡是听到别人做了错事，就算是婢仆有过，也应该加以包容，帮其掩饰，不可以马上当众斥责或对外宣扬，应该私下为其讲明道理，令其改正。无论在什么情况下走路，都要注意形象保持端正，不可以走路太快，走路不要上蹿下跳，左踢右踹。如果父母长辈招呼你，就要赶紧快步向前，不可以慢慢吞吞。

洒扫涓洁第三

保持环境的整洁卫生,可以让自己心情愉悦,思路通畅,学习或做别的事情都能顺利高效。过去有不屑扫一屋却想着扫天下的故事,其实这是典型的好高骛远,此心不除,终一事无成。

孩童刚开始学习,对学习环境有新鲜感,而且初执笔写字,难免会乱涂乱画。但这是一个不好的习惯,将学习当作一件很随意的事情,就会掉以轻心,学习时就容易分神。所以,学业刚开始时,就要培养孩童对学习的敬畏感,这样才会认真对待。正如《论语·学而》所言:"君子不重则不威,学则不固。"

凡为人子弟,当洒扫居处之地①,拂拭几案,当令洁净。文字笔砚,凡百器用②,皆当严肃整齐,顿放有常处,取用既毕,复置原所。父兄长上坐起处,文字楮札之属③,或有散乱,当加意整齐,不可辄自取用④。

【注释】

①洒扫:洒水扫地,指打扫卫生。过去重视培养孩童洒扫习惯,因为

这既是习劳也是礼仪。朱熹《大学章句序》言："人生八岁,则自王公以下,至于庶人之子弟,皆入小学,而教之以洒扫、应对、进退之节,礼、乐、射、御、书、数之文。"

②凡百:所有,一切。

③楮(chǔ)札:信札。楮,楮树皮可以造纸,这里代指纸张。

④辄自:擅自作主。

【译文】

作为孩童,应该经常打扫庭院房间,拂拭桌椅几案,让其保持干净整洁。笔墨纸砚以及其他各种器具用品,都应该认真排放整齐,每物有固定的地方,用完后还要放回原处。父亲兄长以及其他长辈起坐的地方,书籍纸张这些东西,如果有凌乱,就小心地帮他们整理好,但不可以擅自取用。

凡借人文字,皆置薄钞录主名①,及时取还。窗壁、几案、文字间,不可书字。前辈云:"坏笔污墨,瘝子弟职②;书几书砚,自黥其面③。"此为最不雅洁,切宜深戒。

【注释】

①钞录:抄写,誊写。

②瘝(guān)子弟职:这里指耽误孩子学业。瘝,荒废。职,本业。

③黥(qíng):古代的一种刑罚,在脸上刺字并涂上墨,类似于现在的刺青。汉高祖刘邦手下有位大将叫英布,早年坐罪,受到黥刑,俗称黥布。

【译文】

借别人的书籍,一定要在专门的本子上记下书名和主人的名字,避免遗忘,以便及时归还。窗户、墙壁、案几以及书籍上不可随便涂鸦。老人们说过：“笔札损毁，墨汁乱洒，就会耽误学业；在案几、书桌、课本上乱涂乱画，就像在自己脸上刺字一样丢人。”这样做最不雅洁，务必严格戒除这样的毛病。

读书写文字第四

【题解】

本章讲读书的方法，一是要逐字认真阅读，二是大声地读出来。因为和现代白话文比起来，古文更为精练，可谓字字珠玑，差一字就有可能意思迥异，意境全失。同时，古文较为拗口，不从口头上读熟则难解其义，对初学者尤其如此。

朱熹提出了"三到"读书法，强调心、眼、口的配合。古人说"心者，君主之官，神明出焉"，是说心是人体感觉器官之首，是人精神意识和思维活动的主宰。《大学》也强调，如果"心不在焉"，则"视而不听，听而不闻"，学习自然就没有成效。所以心、眼、口中最主要的是心，学习一定要用心，一个魂不守舍的人肯定读不进书。

在过去，很多人因为条件的限制，笔墨纸砚不易得，书籍更是难求到，所以总是倍加爱惜。随着科技发达和经济发展，大部分现代人不会再遇到类似的问题了。但是我们在阅读和书写时仍然要保持恭敬和谨慎，这是对知识的一种尊重。

凡读书，须整顿几案，令洁净端正。将书册整齐顿放，正身体对书册，详缓看字，子细分明①。读之，须要读得字字响亮，不可误一字，不可少一字，不可多一字，不可倒一字，不可牵强暗记②。只是要多诵遍数，自然上口，久远不忘。古人云："读书千遍，其义自见。"谓熟读则不待解说，自晓其义也。

【注释】

①子细：即仔细。

②牵强暗记：勉强默读记忆。作者强调大声背诵，反对默读记忆。

【译文】

读书前，先把案桌收拾整洁，摆放端正。再将需要阅读的书籍，摆放整齐。身子端正，正对书籍，阅读的时候要逐字逐句，速度舒缓，以保证把内容阅读得仔细分明。读书的时候，要把每一个字都响亮地读出口，不可读错一字，不可遗漏一字，不可多读一字，不可把任何一个字读得前后颠倒。要大声读，不要默读心记。读的遍数多了，内容自然朗朗上口，久而不忘。古人说："读书千遍，其义自现。"就是说如果把文章读熟了，不用听别人解释，自然就明白其中要义。

余尝谓读书有三到，谓心到、眼到、口到。心不在此，则眼不看子细，心眼既不专一，却只漫浪诵读①，决不能记，记亦不能久也。三到之中，心到最急②。心既到矣，眼口岂不到乎？

【注释】

①漫浪：漫不经心，随意为之。

②最急：最为重要。

【译文】

我曾说读书有"三到"，即心到、眼到、口到。你的心如果不放在读书上，眼睛就不会看仔细。心眼不能专一，只是漫不经心地随便读一读，肯定什么也记不住，纵然记住了也不会长久。"三到"之中，心到最为重要。如果能做到"心到"，眼和口能不到吗？

凡书册，须要爱护，不可损污绉折^①。济阳江禄^②，书读未竟，虽有急速^③，必待掩束整齐然后起，此最为可法。

【注释】

①绉（zhòu）折：即"绉褶"。这里指书本的纸皱巴巴的。

②江禄：南朝梁济阳考城（今河南兰考）人。自幼笃于学习，善于写文章。

③急速：这里指突发事情，需要紧急处理的事情。

【译文】

对于书本要加以爱护，不要损毁、玷污或弄皱。济阳江禄，如果书还没有读完，就算有紧急事情发生，也一定要先把书册卷起来捆扎好，摆放整齐后再起身处理事情。他的这种做法特别值得我们学习。

凡写文字，须高执墨锭^①，端正研磨，勿使墨汁污手。高执笔，双钩^②，端楷书字，不得令手指着毫。凡写字，未问写得工拙如何，且要一笔一画，严正分明，不可潦草。凡写文字，须要子细看本，不可差误。

【注释】

①墨锭（dìng）：墨块，用来研磨墨汁，文房四宝之一。

②双钩：古代用毛笔书写时的一种握笔方法。用食指、中指与拇指捏住笔管中上端，其他两指抵住笔管下部，共同控制毛笔来写字

的一种握笔方法。因食指和中指握笔的形状如钩而得名。

【译文】

准备写字时，拿着墨块的上端，端端正正坐着磨墨，不要把墨汁弄到手上。开始写字时，手执毛笔的上端，用双钩法执笔，书写端正的楷书，不要让手碰着笔毫。无论字写得好坏，都要一笔一画认真地书写，把字写得工工整整，清清楚楚，不可潦草。写字的时候，认真看着书本，不要抄错。

杂细事宜第五

【题解】

本章内容涉及行走坐卧、人际交往等繁杂小事，说的全是生活的细处。但是就算是对待生活中的小事，也要保持谨慎小心的态度。如"执器皿，必敬谨，唯恐有失"，这也是我们常说的"执虚器，如执盈"。

在过去，晴耕雨读，白天劳作晚上学习，所以朱熹提倡孩童们晚上多拿出一些时间来学习。晚睡不是因为玩游戏，而是沉湎于学习的原因，朱熹反对玩那些无益于身心的无聊游戏。《神童诗》："饱食足衣，乱说闲耍。终日昏昏，不如牛马。"说的是一样的道理。

在衣食上，根据自己的家庭情况来定，保持基本的温饱即可，不要过分追求享受。在和长上交往时要谦恭客气，称呼长上时，要准确清晰，不让对方误会。长辈需要尊重和照顾，陪伴长辈的时候要把舒适的位置让给长辈。

儒家提倡仁者爱人，推己及人。《论语·雍也》："己欲立而立人，己欲达而达人。"关爱他人，就是能换位思考。能够知道父母时时关心、挂念孩子，孩子出门或回家就能主动及时禀告父母了。和别人交往要在意别人的感受，所以要吃有吃相、坐有坐相，不要给别人带来不适和不便。

人类能不断进步，皆因为知识能够代际相传，这很大程度上靠长辈对晚辈的教导和提携，以及晚辈对长辈的信任和学习，并在此基础上进行创造和创新。朱熹对后生小子事无巨细谆谆教导，可谓苦心孤诣，孩童们应该虚心接受，认真学习。

凡子弟，须要早起晏眠[1]。凡喧哄争斗之处不可近，无益之事不可为。谓如赌博、笼养、打球、踢球、放风禽等事[2]。

【注释】

①晏（yàn）眠：晚睡。晏，晚，迟。

②笼养：笼中喂养。这里指用笼子养鸟。打球：这里指一种体育游戏。本为古代军中用以军事演练的一种马上打球游戏。踢球：古代的一种体育游戏，即蹴鞠。类似于现代的足球。放风禽：即放风筝。因把风筝做成飞鸟的形状而得名。

【译文】

孩童要养成早起晚睡的习惯。凡是争斗吵闹的地方不要靠近，对自己的德行、知识的提高没有帮助的事情不要去做。如赌博、养鸟、打球、蹴鞠、放风筝等事情。

凡饮食，有则食之，无则不可思索，但粥饭充饥不可阙[1]。凡向火[2]，勿迫近火旁，不唯举止不佳，且防焚爇衣服[3]。

【注释】

①阙：缺少。

②向火：烤火。

③焚爇（ruò）：引燃，烧毁。

【译文】

对于美味的饮食，家里有的话就吃，没有的话也不要闹着父母非吃不可，但是日常充饥的粥饭不可或缺。烤火的时候，不要靠得太近，这样做既举止不雅观,还容易引燃衣服。

凡相揖^①,必折腰。凡对父母长上朋友,必称名^②。及称呼长上,不可以字,必云某丈^③。如弟行者,则云某姓某丈。按《释名》^④,"弟"训"第",谓相次第也。某丈者,如云张丈、李丈。某姓某丈者,如云张三丈、李四丈。

【注释】

①揖:向人拱手行礼。

②称名:子女、学生或者下级向父母、老师以及长上称呼自己时,要用名不用字。因为和从小就有的名不一样,一个人的字是成人之后由尊长所赐,有社会性。称呼自己的名,是对长上的一种敬重和谦恭。比如孔子和弟子们谈话时,弟子们都是以名称呼自己。"回虽不敏,请事斯语矣!""赐也何敢望回?"等等。现代人一般只有一个名,都没有字了,所以和长上说话的时候只需要态度恭敬即可。

③丈:对老年男子的尊称。如"老丈"。

④《释名》:古代研究事物名称由来的著作,作者为东汉末年刘熙。

【译文】

对别人拱手行礼时,一定要把腰弯下去,以示恭敬。和父母长辈说话,如果需要称呼自己,要用自己的名而不说字。如果称呼长上,不可以称呼长上的字,而一定要说"某丈"。如果长上还有兄弟,则要称呼他为"某姓某丈"。按《释名》的解释,"弟"解释为"第",就是排行、次第的意思。所谓"某丈",是"张丈""李丈"这样。所谓"某姓某丈",是"张三丈""李四丈"这样。

凡出外及归,必于长上前作揖,虽暂出亦然。凡饮食于长上之前，必轻嚼缓咽，不可闻饮食之声。凡饮食之物，勿争较多少、美恶。凡侍长者之侧①，必正立拱手②。有所问，则必诚实对语，言须不可妄。

【注释】

①侍：侍奉，陪伴在尊长身边，以便及时为尊者服务，也能随时听从尊者教诲。如《论语·先进》中子路、曾皙、冉有、公西华侍坐。《孝经》中仲尼居，曾子侍。

②拱手：双手交叉相叠，置于胸前偏下位置。这是一种对人恭敬的站姿。

【译文】

每次外出和返回，都要到长辈那里行礼，告诉长辈相关情况，哪怕是暂时出门也要禀告。在长辈面前吃饭，一定要细嚼慢咽，咀嚼和吞咽的时候不要发出声音。对于饮食，不要计较多少以及好吃与否。侍从陪同在长者身边，一定要双手交叉相叠，端正站立。长上有问题询问，要诚实相告，不可以妄言。

凡开门揭帘，须徐徐轻手，不可令震惊响。凡众坐，必敛身，不可广占坐席。凡侍长上出行，必居路之右，住必居左。

【译文】

开门掀帘子时，要轻柔用力，慢慢掀开，不要让帘子发出大的声响。和大家坐在一起，一定要收敛身体，在席位上不要占太多空间。侍奉长上出行，一定要走在路的右侧，而安居在家的时候，则要位于左侧。

凡饮酒，不可令至醉。凡如厕①，必去上衣，下必浣手。

凡夜行，必以烛，无烛则止。凡待婢仆，必端严^②，勿得与之嬉笑。凡执器皿，必敬谨，唯恐有失。凡危险，不可近。凡道路遇长者，必正立拱手，疾趋而揖^③。凡夜卧，必用枕，勿以寝衣覆首^④。凡饮食，举匙必置箸，举箸必置匙。食已，则置匙箸于案。

【注释】

①如厕：上厕所。

②端严：端庄严谨，小心谨慎。

③疾趋：小步快走。

④寝衣：指被子。

【译文】

喝酒的时候不可以喝到酩酊大醉。上厕所前，要先脱下上衣，上完厕所还要洗手。夜里走路要打着灯笼或手执火烛，否则宁可不出门。对待婢女和仆人，要端庄严肃，不要与他们嬉戏玩笑。拿盆盆罐罐等容器时，要小心谨慎，严防失手。无论危险的地方还是危险的事情，都不要靠近。路上遇到长者，要先面向长者站直拱手，再小步快跑向前行礼。晚上睡觉，要用枕头，不要用被子盖在头上，以免窒息。吃饭的时候，如果用汤匙就把筷子先放下，同样如果用筷子就把汤匙先放在饭桌上。吃完饭则把汤匙和筷子都放在桌子上。

杂细事宜，品目甚多，姑举其略，然大概具矣。凡此五篇，若能遵守不违，自不失为谨愿之士^①，必又能读圣贤之书，恢大此心^②，进德修业^③，入于大贤君子之域，无不可者。汝曹宜勉之^④。

【注释】

①谨愿之士：指做事谨慎、诚实待人的人。

②恢大：发扬光大。恢，弘大，发扬。

③进德修业：提高道德，建功立业。

④汝曹：你们，汝辈。

【译文】

生活中繁杂的小事，林林总总，不一而足，在这里我仅仅大略列举几项，让诸位大概了解一下童蒙应该知道的礼仪规矩。前面列举的这五篇内容，若能认真学习，遵照执行，自然会成为一个谨慎诚实之人。这样的人肯定愿意读圣贤之书，从而把这一谨慎诚实的品格发扬光大，进而完善道德、建功立业，跨入贤良君子行列，这一切皆有可能。诸位童蒙你们要谨记以上教诲，时时勉励自己，成就优秀的自己。